O FUTURO DAS ORGANIZAÇÕES PELA PERSPECTIVA DESIGN-DRIVEN

O Futuro das Organizações Pela Perspectiva Design-Driven

Copyright © **2023** Alta Books.
Alta Books é uma empresa do Grupo Editorial Alta Books (STARLIN ALTA EDITORA E CONSULTORIA LTDA.)
Copyright © **2023** by CESAR & CESAR School.
ISBN: 978-85-508-2288-4

Impresso no Brasil — 1ª Edição, 2023 — Edição revisada conforme o Acordo Ortográfico da Língua Portuguesa de 2009.

Dados Internacionais de Catalogação na Publicação (CIP) de acordo com ISBD

P379d   Peixoto, Eduardo Campello
　　　　O Futuro das Organizações Pela Perspectiva Design-Driven /
　　　　Eduardo Campello Peixoto, Karla Roberta de Godoy, Vasconcellos
　　　　Coutinho. - Rio de Janeiro : Alta Books, 2023.

　　　　212 p. ; 16cm x 23cm.

　　　　ISBN: 978-85-508-2288-4

　　　　1. Administração. 2. Gestão. 3. Inovação. 4. Design Driven. I.
　　　　Godoy, Karla Roberta de. II. Coutinho, Vasconcellos. III. Título.
　　　　　　　　　　　　　　　　　　　　　　　　　　CDD 658.4063
2023-1865　　　　　　　　　　　　　　　　　　　　　CDU 658.011.4

Elaborado por Vagner Rodolfo da Silva - CRB-8/9410

Índice para catálogo sistemático:
1. Administração : Inovação 658.4063
2. Administração : Inovação 658.011.4

Todos os direitos estão reservados e protegidos por Lei. Nenhuma parte deste livro, sem autorização prévia por escrito da editora, poderá ser reproduzida ou transmitida. A violação dos Direitos Autorais é crime estabelecido na Lei nº 9.610/98 e com punição de acordo com o artigo 184 do Código Penal.

O conteúdo desta obra fora formulado exclusivamente pelo(s) autor(es).

Marcas Registradas: Todos os termos mencionados e reconhecidos como Marca Registrada e/ou Comercial são de responsabilidade de seus proprietários. A editora informa não estar associada a nenhum produto e/ou fornecedor apresentado no livro.

Material de apoio e erratas: Se parte integrante da obra e/ou por real necessidade, no site da editora o leitor encontrará os materiais de apoio (download), errata e/ou quaisquer outros conteúdos aplicáveis à obra. Acesse o site www.altabooks.com.br e procure pelo título do livro desejado para ter acesso ao conteúdo..

Suporte Técnico: A obra é comercializada na forma em que está, sem direito a suporte técnico ou orientação pessoal/exclusiva ao leitor.

A editora não se responsabiliza pela manutenção, atualização e idioma dos sites, programas, materiais complementares ou similares referidos pelos autores nesta obra.

Grupo Editorial Alta Books

Produção Editorial: Grupo Editorial Alta Books
Diretor Editorial: Anderson Vieira
Editor da Obra: José Ruggeri
Vendas Governamentais: Cristiane Mutüs
Gerência Comercial: Claudio Lima
Gerência Marketing: Andréa Guatiello

Assistente Editorial: Viviane Corrêa
Revisão: Matheus Machado Mossman e Thamiris Leiroza
Diagramação e Capa: Ettiane dos Santos Cardoso
Organização: Giordano Cabral
Edição: h.d mabuse

Rua Viúva Cláudio, 291 — Bairro Industrial do Jacaré
CEP: 20.970-031 — Rio de Janeiro (RJ)
Tels.: (21) 3278-8069 / 3278-8419
www.altabooks.com.br — altabooks@altabooks.com.br
Ouvidoria: ouvidoria@altabooks.com.br

Editora afiliada à:

O FUTURO DAS ORGANIZAÇÕES PELA PERSPECTIVA DESIGN-DRIVEN

Rio de Janeiro, 2023

	Prefácio	08
01	Organizações design-driven: uma introdução	12
02	Empatia e Alteridade	28
03	Colaboração e diversidade	42
04	Abertura para o novo	56
05	Conhecimento dos processos de design	66
06	Cultura de experimentação	80
07	Orientação para a autonomia	94
08	Criatividade consciente	110

09	Abertura para o risco	**124**
10	Engajamento	**136**
11	Disposição e determinação	**150**
12	Atitude questionadora	**164**
13	Olhando para o meu negócio	**176**
14	E o futuro?	**192**

SUMÁRIO

PREFÁCIO

O FUTURO DAS ORGANIZAÇÕES PELA PERSPECTIVA DESIGN-DRIVEN

Giordano Cabral

Prezado(a) leitor(a),

É um prazer contribuir com este livro, escrevendo seu prefácio, pois me provocou a refletir sobre o meu papel e sobre a forma como realizo minhas atividades. Espero que a leitura também provoque este tipo de reflexão em você.

Sou originário da Computação. Quando me formei, eu não me enxergava como designer. Para falar a verdade, naquela época, poucas pessoas entendiam bem o que isso significava. Quando eu descobri o que é a área, sua forma de pensar e de enxergar a criação do novo, fiquei impressionado em como era, mais do que útil, necessário. Mas foi apenas muitos anos depois, já completamente inserido no setor de inovação, que comecei a perceber que, de certa forma, eu já fazia design. Ao estudar o assunto e discutir com quem entendia da área, uma nova lente foi colocada sobre meus olhos. Eu vi quantas pessoas na prática eram designers, mesmo que a descrição em seus crachás não tivesse essa palavra. Vi o quanto a área é multidisciplinar, e como suas lições se aplicam a todos os domínios e mudam a forma como fazemos tudo.

De fato, o design pode ser aplicado a qualquer desafio. No caso do CE-SAR, criamos produtos, desenvolvemos processos, ensinamos, criamos planejamentos, resolvemos problemas complexos. O CESAR foi uma das primeiras instituições brasileiras a colocar o design como uma de suas capacidades fundamentais, a investir na formação e contratação de designers, a se colocar como uma empresa de design, a ter um time explicitamente denominado de design, a criar seus próprios métodos de design e, finalmente, a ter um curso de graduação em design. No CESAR, acaba sendo fácil entender que o design não é apenas uma questão estética, mas uma abordagem estratégica que busca atender às necessidades ou desejos das pessoas e, assim, gerar valor. Ele está presente nas vidas das pessoas, nas empresas, e até na administração dos governos.

Com o CESAR, aprendi a valorizar intensamente os profissionais que se dedicam ao design, e a tentar aprender continuamente com eles. Este livro é a prova de que tenho ainda muito a aprender. Inclusive, sobre o que é o design, pois em uma empresa de inovação, como o CESAR, não seria tudo design, afinal? Inovação e design são conceitos que se misturam, se confundem. Ser uma instituição de inovação é, por definição, ser uma instituição de design — e o CESAR tem muito a dizer sobre o assunto. É capaz de refletir, a partir não apenas da teoria, mas sobretudo de sua prática, sobre as descobertas, boas práticas, diretrizes, dilemas, e traçar considerações e reflexões sobre porque ser design-driven.

E com isso vem uma nova pergunta: o que é ser design-driven? É um termo que passou a ser muito comentado pois encapsula a mentalidade das empresas de inovação. Um tipo de mentalidade desejada por praticamente todas as empresas, já que todas elas querem se diferenciar em seus mercados, cada vez mais competitivos. Sua diferenciação vem da inovação e, portanto, a inovação passou a ser uma capacidade fundamental para empresas de qualquer setor. Ser design-driven é ter uma cultura guiada por uma mentalidade que busque o novo. É utilizar métodos para maximizar as chances de encontrar as melhores oportunidades — desenvolver os melhores produtos, serviços ou processos e para reinventar a si próprias.

É uma abordagem que tem se mostrado muito bem-sucedida. No entanto, ainda existem muitas empresas que não compreendem a importância do design e o tratam apenas como uma questão utilitária. Consideram-no o serviço de um especialista, que se contrata, e não uma mentalidade que a empresa como um todo precisa ter. É por isso que este livro é importante, porque ele mostra na prática que design é estratégia, é gestão, é capital humano, é processo, é filosofia, e é meta. É com essa visão larga que o time de design do CESAR escreveu este livro, um apanhado de discussões, conceituações e casos concretos que mostram o quanto ser uma empresa design-driven implica em ter um olhar sistêmico para cada faceta da instituição.

Este livro tem um formato curioso. Percebe-se que são designers usando seus métodos para escrever um livro. Seguindo processos criativos e participativos, oferecendo a oportunidade para cada pessoa se posicionar e transformar um pensamento coletivo em uma ideia. Assim, nasce um livro que desmembra o design em um conjunto de provocações, que sistematiza uma discussão para cada provocação, e que culmina com exemplos, casos concretos de projetos dos mais diferentes tipos, que evidenciam e ilustram cada tema. O resultado é um misto de handbook, roda de conversas, e estudos de caso, que dão uma visão bastante ampla e sofisticada do que é "fazer design", seja você oficialmente designer ou não.

É importante destacar que o design é mais do que um conhecimento — é uma competência. Os ensinamentos que vêm da experiência concreta, e a habilidade de aplicar estes conhecimentos, é o que diferencia um novato de um profissional experiente. Com mais de 25 anos de história, e muitos projetos, o CESAR deseja compartilhar com o mundo, através deste livro e dos cursos da sua faculdade (CESAR School), as lições aprendidas no caminho.

É um orgulho, enquanto presidente do conselho, fazer o prefácio deste livro. Espero que ele provoque a reflexão e aprofunde o conhecimento de muitos designers, assim como de gestores, colegas, ou curiosos em entender melhor o papel do design e as vantagens em ser uma empresa design-driven. Recomendo fortemente que leiam esse livro, criado com muito carinho pela equipe do CESAR e da CESAR School.

Boa leitura!

Giordano Cabral

CAPÍTULO 01

ORGANIZAÇÕES DESIGN-DRIVEN: UMA INTRODUÇÃO

Érika Campos | Gabi Boeira | Helda Barros | h.d. mabuse

Antes de tudo, o que é design? Para responder essa pergunta, uma breve história. Ela tem início em uma noite quente de abril, no porto do Bairro do Recife, onde um grupo de pessoas espera, entre a impaciência e o entusiasmo, para tomar seu lugar em um passeio de barco. Uma volta em uma pequena embarcação cheia de leds, que mudam de cor gradativamente ao chegar perto do pier, aparentemente reagindo aos smartphones dos passageiros que estavam na fila. Já embarcados, os diálogos eram dos mais variados, e remetiam de memórias afetivas de um transporte público fluvial do passado até às possibilidades de entretenimento noturno, que agora pareciam muito evidentes. Todas as falas tinham duas coisas em comum: por um lado, tratavam dessa experiência de ter uma nova perspectiva da cidade, noturna, fluvial e pontuada por tecnologias que ligavam o físico ao digital. Por outro, faziam parte de um protótipo de um projeto maior: eram resultado de um processo sistematizado de design.

Foi o pensador e designer Gui Bonsiepe que sintetizou bem a questão da dificuldade em se definir com simplicidade o que é design, justamente por ser uma atividade que se dá na intersecção entre a cultura da vida cotidiana, a tecnologia e a economia. O experimento do barco, nomeado Aquatic Pathways, que fazia parte de um convênio internacional que contava com o CESAR, Porto Digital e o instituto britânico Watershed, podia ser visto como uma forma de levantar informações sobre possibilidades tecnológicas de comunicação entre dispositivos, ou como uma sondagem de novos desejos de consumo de entretenimento e teste de modelos de negócios, mas antes de mais nada era uma forma de escuta rápida para uma parcela da sociedade, de suas necessidades, desejos e limitações.

Essa pode ser considerada uma das mais marcantes características da contribuição do design na concepção ou condução de qualquer organização: a mudança na forma de pensar, tornando-se muito mais sistêmica do que reducionista. Um exemplo clássico do campo do design: projetar uma cadeira. Quando usamos o modo de pensar de designers, consideramos não apenas a cadeira como um elemento individual, mas sim as questões que são anteriores à sua concepção, como a investigação sobre o ato de sentar, qual atividade será exercida (para trabalho ou para uma refeição, uso de poucas pessoas ou grandes grupos etc) e quais os materiais mais adequados para a sua produção. Também será levado em conta o meio em que a atividade será exercida: uma cadeira de trabalho será usada em relação a uma mesa; se será utilizado um computador durante esse período de trabalho; se a mesa e a cadeira estarão em uma sala ou quarto determinado, tudo isso é levado em conta. Não existe a possibilidade de pensar apenas no projeto de uma cadeira hipotética que exista fora da materialidade de um tempo e espaço.

De uma forma mais contemporânea, podemos dizer ainda que essa mesma cadeira, quando utilizamos o modo de pensar do design, é entendida junto com a pessoa que a usa, na sua localidade, com suas características, necessidades e desejos. Tudo isso a partir de uma perspectiva própria que vem da pessoa que fará o projeto, alinhada com a pessoa que o encomendou, suas necessidades de negócio, possibilidades de inovação dentro dessa indústria, e até além. Haverão novos modelos de negócio que extrapolem o objeto cadeira? Quais decisões tomadas podem contribuir para uma adoção tranquila e transparente dessas mudanças paradigmáticas e inovadoras pela sociedade que ocorram de forma sustentável e legítima? Todas essas questões são tratadas no campo do design.

QUEM FAZ DESIGN?

Érika

Durante muito tempo, design era quase um sinônimo de arte. Coisas bonitas e/ou provocativas, feitas por pessoas "criativas" que cresceram desenhando, pintando e montando seus próprios brinquedos. Mas enquanto a arte cumpre um importante papel de levantar questões, o design tradicionalmente tem o foco em respondê-las. E se há tempos fazer design era uma função apenas de designers, hoje temos pessoas de diversas áreas usando metodologias do design para trabalhar com problemas complexos e pensar em possíveis soluções inovadoras. O importante é entender que design não se faz sozinho. Para fazer design centrado no ser humano e atender suas necessidades, entregando produtos e serviços que tragam valor real para as pessoas, é preciso envolver diversos campos de conhecimento de forma simultânea. Arquitetura da informação, interface do usuário (UI), design de interação, psicologia, negócios, marketing, tecnologia e pesquisa são apenas alguns deles. E a lista muda de acordo com a pergunta que queremos responder.

Gabi

Eu acho que posso dar uma resposta dentro do meu contexto, onde há dois grupos que fazem design: pessoas que vêm do campo do design, sim, mas também o time de empreendedorismo. Em princípio, funcionam como um time só. Eu queria que os designers tivessem uma bagagem de empreendedorismo e que os analistas de empreendedorismo buscassem mais conhecimento dentro do campo do design, para que olhassem não só o negócio, mas passassem a olhar também o usuário, porque, quando falamos em ferramentas, elas são exatamente as mesmas! Design e empreendedorismo utilizam as mesmas ferramentas, o que muda, significativamente, é o olhar.

Helda

Acho importante trazer um contexto de mudanças que estamos vivendo, cada dia mais rápidas. Quem faz design hoje é a sociedade. Design, pra mim, é uma coisa de complexidade quase autoconstruída. É quase uma autoformulação de como as coisas são utilizadas, no sentido que elas têm, como uma autoconstrução social, e a gente muito pretensiosamente tem a impressão de que nós designers é que fazemos. E esse é o grande conflito hoje. Muitas vezes, quando utilizamos formas tradicionais de tratar novas questões, ficamos jogando soluções para essa sociedade, que podem não fazer sentido nenhum e, frente a essas soluções, a própria sociedade se autorreformula, e readapta nossa solução para sua realidade.

Érika

Uma das grandes lições que aprendi ao longo da carreira foi que design se faz de forma colaborativa. De designer gráfica, que recebia o briefing, fazia benchmark, testava ideias e trabalhava sozinha em soluções para o cliente, para o design centrado no ser humano, que fazemos hoje, foi um salto enorme. Conhecer os conceitos da experiência do usuário me trouxe novas perspectivas, ampliadas para além do que saltava aos olhos.

h.d. mabuse

Fazemos design pensando, desenhando, escrevendo, experimentando, modificando coisas. Fazemos design com intenção, planejamento, métodos, processos. Fazemos design, enfim, observando, com diálogo, trabalhando juntos para atender às necessidades das pessoas, para encontrar oportunidades de negócios, para criar novas possibilidades de ação no mundo. Fazemos design dentro da sociedade, entendendo a sociedade como essa grande malha que inclui as pessoas que usam e recriam o que fazemos, clientes que nos contratam, governos que mediam alguns desses processos e muitos outros agentes que não caberiam nesse livro, mas são partes constituintes dos nossos projetos. Na língua inglesa, a palavra *design* é tanto um substantivo (que tem entre seus significados *meta, plano,* e até *conspiração*) quanto um verbo (*simular, desenhar, fazer com intenção, dar forma segundo um plano*). Quando falamos no design como verbo, é sobre um modo de pensar específico, de executar tarefas que nos ajudam no dia a dia, seja na forma de arrumar uma gaveta de roupas ou na organização das atividades diárias. Isso pode ser percebido como um processo intuitivo de design. É possível definir essa atividade como um conjunto de ações com a intenção de sair de uma situação existente para uma nova situação — melhor e aprimorada.

Érika

Entendo que inovação não é apenas tecnologia. Nossos desafios, hoje, são globais, e precisamos de produtos e serviços que equilibrem necessidades de indivíduos e da sociedade como um todo. Temos que conseguir explorar ideias opostas e buscar um equilíbrio entre elas, para criar novas soluções. O *Design Centrado no Usuário (DCU)* pode, sim, integrar tecnologia, economia, negócios, mas ele passa, fundamentalmente, pelas necessidades humanas, inclusive, claro, dos nossos parceiros de negócio. Hoje, focamos menos no objeto e mais nas pessoas. Em entender a demanda para além do que foi trazido pelos *stakeholders*. Quais são os diversos perfis que, de alguma forma, têm interesse no tema? Como impactam ou são impactados por ele? Buscamos conhecer o problema de forma holística, compreendendo cultura e contexto, muito antes de começar a pensar soluções. É importante ter abertura para ouvir as pessoas, buscando entender o lado delas — exercitando a *alteridade*. Entender que um entrevistado está trazendo a verdade dele e não nos cabe julgar ou refutar. Após entender os diversos lados, aí sim, poderemos analisar melhor todos eles. Identificar onde e como podemos atuar. E fazer isso em um ambiente seguro, em que todos os participantes possam dar ideias, propor, prototipar soluções, implementar e validar, rodando este ciclo várias vezes, sempre que necessário, errando o quanto antes para acertar mais rápido.

Helda

Qual é nosso papel, que fazemos hoje um design contemporâneo, que olha para problemas legitimamente complexos? É dar o menor trabalho possível de autoformulação para essa sociedade. Quanto mais sentido oferecermos, menos ela terá que se reconstruir. E isso só é possível dentro de um olhar plural, colaborativo e inclusivo. O design, historicamente, tem sido limitado ao contexto de grupos exclusivos de *stakeholders*. O que precisamos para apresentar design com mais sentido para a sociedade? Precisamos ampliar o número e a qualidade de pessoas que estão envolvidas em todas as etapas do processo. O envolvimento dessas pessoas extrapola a lógica do nosso mapa de *stakeholders* e pensa, realmente, em um contexto social mais sofisticado. Nosso papel principal é dar o menor trabalho possível para essa ressignificação, que é produzir coisas que fazem mais sentido.

Quais os benefícios de incluir o design se queremos ter uma cultura inovadora?

Érika

Em um mundo globalizado e em constante transformação, as organizações que não se atualizarem estão fadadas a desaparecer. Manter uma cultura de inovação constante, de olhar, para dentro e para fora, para pessoas, processos, e a forma como se posiciona perante a sociedade e ao ecossistema em que vivemos pode fazer a diferença entre empresas que perduram e as que não conseguirão se manter no mercado por muito tempo. Neste contexto, a inovação pelo design acaba sendo o diferencial. E, para que ela aconteça, é preciso buscar um ponto de equilíbrio entre 4 fatores:

> **Desejabilidade -** *o que propomos é desejável? Tem valor real para o usuário?*
> **Viabilidade -** *é economicamente viável?*
> **Factibilidade -** *é possível fazer com a tecnologia disponível?*
> **Ética -** *só porque é possível, devemos mesmo fazer?*

Os três primeiros fatores já estavam presentes no **Diagrama de Venn**, proposto pela Ideo. *[ver figura 1]*. O quarto, e não menos importante, é uma reflexão necessária da designer Alexandra Almond (2020), que buscamos trazer para o nosso dia a dia de trabalho.

Helda

A partir daí, podemos partir para fortalecer um significado preciso de Inovação Social, propondo soluções que terão, de fato, potencial social. Ou melhor: uma potência social — talvez essa seja a expressão mais adequada. Não gosto quando se fala em impacto social. Essa terminologia, geralmente, fala de

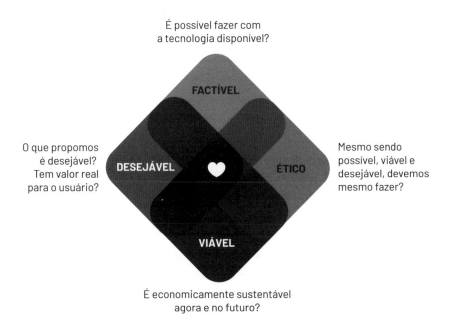

Figura 1 Adaptado de: https://medium.com/@alexandra_89654/designers-we-need-to-talk-about-
-desirable-viable-feasible-c30209e859b4

um sujeito passivo, que teve sua vida impactada por alguém, uma instituição ou pessoa — e aí entra uma questão problemática do salvador. Quando pensamos em potência, é uma expressão que não é nova, mas é muito mais usada hoje e tem feito sentido pois permite uma interpretação de ação coletiva. Você se junta, forma comunidades, e vira potência ao quadrado, ao cubo, e por aí vai. Assim, o que se produz e faz sentido para as pessoas se propaga com muita facilidade. O benefício dessa história é que você terá uma solução para ser amplamente utilizada. É deixar de pensar a tecnologia para um nicho da população e atuar, por meio de práticas do design contemporâneo, para um ganho de escala autossustentável e legítimo.

Quais os princípios do design que alavancam a inovação?

h.d. mabuse

Talvez seja a forma de pensar. Essa é uma diferença muito radical em relação às outras disciplinas, porque temos uma formação, seja pela academia ou pelo trabalho, que leva a um padrão de pensamento que não é, por exemplo, o da ciência. Definitivamente, o design não é ciência. A ciência é reducionista, em princípio, enquanto o design é sistêmico.

Gabi

O papel de designers para alavancar a inovação é justamente de ser o catalisador. Ser a pessoa que trará essa provocação, a inquietude, achar que só as pessoas que estão naquele grupo talvez não sejam suficientes e precisamos trazer alguém, de dentro ou de fora da organização, dependendo da estratégia, que tenha o conhecimento necessário para fazer diferença.

Helda

É o envolvimento plural e real de pessoas de contextos socioculturais diferentes, com questões identitárias envolvidas para que, de fato, você tenha um amplo potencial criativo e com isso haja uma escala maior de pertencimento. Esse entendimento de como se faz design hoje não consegue abraçar a complexidade do que estamos observando chegar. É importante saber que se continuamos dentro dessa forma muito tradicional, extremamente relevante na execução do projeto de um artefato, também estamos longe de ser a única forma do projeto.

Qual o benefício para as Organizações em se tornarem mais Design-Driven?

h.d. mabuse

Nós presenciamos que a última década do século passado e as primeiras décadas deste século têm trazido momentos dramáticos de grande impacto socioeconômico que afetaram todo mundo. Começando com a bolha imobiliária de 2008, de caráter relacionado às crises cíclicas econômicas, e culminando com a tragédia humanitária da pandemia de Covid-19 em 2020. Algo que acontece em meio a esses graves eventos é a necessidade de sobrevivência das pessoas e organizações, que frente a essas mudanças colocam em xeque alguns modos tradicionais de agir e que normalmente não questionamos no nosso dia a dia. Nesse sentido, podemos dizer que existem duas abordagens diferentes de *Design-Driven* que contribuem com as organizações: de início, a adoção de práticas, técnicas e métodos que têm origem no design, e que podem diminuir os impactos negativos do momento histórico, fortalecendo a colaboração dentro das organizações bem como aumentando o potencial inovador. Em uma abordagem mais profunda, quando as organizações constroem suas estratégias e táticas do dia a dia junto com pessoas que têm o modo de pensar do design, as coisas ficam mais relevantes. Para o entendimento da diferença dessa abordagem mais profunda, podemos resumir em três grandes tópicos os maiores benefícios para as organizações:

Pensamento sistêmico — Ter uma abordagem de planejamento e ação mais alinhado com a forma de pensar do design, em especial com as abordagens mais contemporâneas que questionam a própria concepção reducionista, que busca seguir um esquema projetual que tem um início, meio e fim. São abordagens que abraçam formas de fazer design, como *Design para Transição*, ou *Design para Autonomia*, sendo um grande diferencial para qualquer organização que enfrenta a alta volatilidade e incerteza do mundo contemporâneo.

Polinização cruzada — Tradicionalmente uma ferramenta de pensamento do design, busca a combinação de saberes de áreas diferentes para dar conta da complexidade dos problemas postos na contemporaneidade. Exemplo: o uso da *Análise de Redes Organizacionais* (ONA, na sigla em inglês), com o conceito de Mundo Próprio (Umwelt), de Jakob Von Uexkyll. Esse recurso possibilita interpretar ambientes corporativos como um ambiente ecológico, em que cada nó dessa rede possui limitações de acesso físico e cognitivo, mas pode ser expandido junto às pessoas companheiras, aumentando o bem-estar e produtividade dos membros de uma organização, buscando resultados ainda não percebidos em abordagens tradicionais.

Orquestração — Assim como recombinar ideias, atuar como orquestrador é um processo intuitivo para a forma de pensar *Design-Driven*. A capacidade de promover colaboração entre atores de origens e formações das mais diversas é uma característica inerente ao modo de trabalhar de designers.

POR QUE UM LIVRO SOBRE O FUTURO DAS ORGANIZAÇÕES PELA PERSPECTIVA DESIGN-DRIVEN?

O entendimento da inovação é amplo e repleto de significados que vão muito além do viés tecnológico, mas inovar é, de forma resumida, construir futuro. Como centro de inovação, o CESAR carrega a missão de introduzir novas formas de pensar a agenda do futuro. Entra-se, assim, no terreno do novo e dos processos da criatividade. Por isso, desde 1996, quando foi fundada, a instituição vem construindo uma trajetória de transformação pela inovação, fortemente ancorada no design.

O CESAR acredita que um fator crítico para o sucesso das organizações é conjugar eficiência e continuidade com o questionamento do *status quo* – primeiro passo para provocar saltos disruptivos. Mas é essencial ir além das boas ideias: uma inovação só pode ser reconhecida como tal depois que se encerra um ciclo de produção e validação, quando o produto ou o serviço é bem-aceito no mercado, com retorno de investimento. No início desse processo, as hipóteses podem ser testadas por meio de experimentação rápida, típica de métodos do design.

Assim, a abordagem do design é um grande diferencial para pensar produtos e serviços em um contexto de inovação. Estuda-se o conceito, para que, quando ele passe para a fase de desenvolvimento, a proposta já esteja mais próxima da ideal, porque já foi testada e validada. Esse trabalho se baseia no que é inerente ao design: o potencial de descobrir e redefinir problemas e, então, conceber soluções.

E no centro desses métodos, estão as pessoas – suas vivências, experiências e necessidades. O design é fundamental na construção de processos colaborativos, com um olhar para o usuário e, mais que isso, para questões do cuidado. É um viés cada vez mais determinante na atuação do CESAR e de outras instituições: cuida-se das pessoas e dos resultados sociais, econômicos e ambientais da inovação.

Design não é só ilustração, não é só jornada do consumidor: é o desenho de projetos, o desenho da corporação e de como suas ações trazem impactos à sociedade. Assim, o pensamento e os métodos do design são essenciais em um centro de inovação como o CESAR – que os empresta a clientes e parceiros.

Hoje, dos quase mil colaboradores do CESAR, espalhados pelo Brasil e pelo mundo, 100 são designers. Atuam de forma articulada e distribuída, em todas as áreas da instituição, e aplicam o design em todos os projetos de inovação conduzidos pelo centro. Questões relacionadas aos benefícios do design em uma cultura inovadora, como o design alavanca a inovação e o que motiva organizações a se tornarem mais Design-Driven são respondidas e validadas diariamente, na vivência desses profissionais, há quase três décadas.

São esses questionamentos, debates e construções conceituais que levaram à produção deste livro: ele se baseia na expertise de designers do centro para construir uma visão abrangente sobre a importância do design e seu papel nas organizações.

O livro apresenta, assim, perspectivas valiosas para empresas que desejam inovar e se destacar em seus mercados, por meio de uma compilação de artigos, entrevistas a especialistas e estudos de caso – tudo com o respaldo das abordagens do CESAR, uma organização Design-Driven que acredita que o design é crucial para construir o futuro.

COMO ESTE LIVRO ESTÁ ESTRUTURADO?

Empatia e Alteridade — Frases como *"se colocar no lugar do outro"* têm sido ouvidas frequentemente nas organizações, mas pouco tem se tratado sobre alteridade. O conceito vem da antropologia e visa reconhecer o outro com as suas diferenças no âmbito cultural e social. No capítulo, as autoras buscam entender como a empatia e alteridade estão no processo de trabalhar em conjunto com diferentes pessoas, *"aprender a escutar umas às outras e conseguir extrair o melhor das diferenças para criar algo de fato inovador"*. **Case:** *Se Toca, Mana*. O projeto mostra o design como processo para investigação das barreiras relacionadas à saúde de mulheres LGBT.

Colaboração e Diversidade — Se entendemos que a colaboração é condição fundamental para o desenvolvimento na sociedade contemporânea, o seu papel nas organizações é um dos mais importantes pontos de sucesso para qualquer iniciativa. O capítulo explora o conceito e os caminhos para otimizar a colaboração em organizações, ao mesmo tempo que enriquece seu resultado com a diversidade, amplificando a capacidade inovadora da colaboração por meio da inserção de pessoas que têm vivências das mais diversas. **Case:** *Playtown*, que articulou colaboração e diversidade em intervenções para uma cidade mais lúdica.

Abertura para o novo — Observar, questionar e experimentar são alguns dos princípios trazidos no capítulo. Tudo isso para pensar nessa jornada, que requer um ambiente de segurança e autonomia para as pessoas. Quais são os desafios e quais os resultados encontrados? **Case:** *Bootcamp CESAR e SBT,* criado com o propósito de preparar as pessoas e organizações a atuarem de forma colaborativa, através de uma Cultura da inovação que abraça o novo.

Conhecimento dos processos de design — Uma organização *Design-Driven* assimila o processo de design como parte de sua cultura corporativa, trazendo valores direcionados ao humano em um contexto no qual designers e não designers tornam-se multiplicadores desses processos. Quais as vantagens da adoção transversal dos processos de design por organizações e quais seus caminhos? **Case:** *Neoenergia — Chatbot e muito mais,* como o CESAR trabalhou com a *Neoenergia* para descobrir maneiras diferentes de entender contextos e atuar sobre problemas.

Cultura de experimentação — Quando a experimentação faz parte da cultura da empresa, novas soluções para problemas novos e antigos problemas emergem das práticas difundidas e aplicadas no dia a dia. Como a cultura de experimentação pode tornar as pessoas mais inventivas e engajadas? **Case:** *Batom Inteligente Boticário,* que utiliza inteligência artificial para promover práticas inclusivas de beleza.

Orientação para autonomia — Muito além das tomadas de ações do dia a dia ou da escolha e utilização de processos, *frameworks* e tecnologias: quais as abordagens mais sofisticadas de autonomia numa organização *Design-Driven*? Qual seu papel para experimentação e aprendizado? Quais os benefícios de correr riscos e demonstrar confiança e apoio? **Case:** CESAR, com suas *Verticais* e *Ações Promovidas.*

Criatividade consciente — A criatividade está intimamente ligada à arte, à experimentação e ao lúdico. Como acontece no contexto corporativo do mercado de trabalho? Quais restrições geralmente se apresentam e quais seus efeitos na organização? **Case:** *INOVA,* programa que conecta pessoas dentro do CESAR para solução de problemas cotidianos.

Abertura para o risco — *"Sem risco não se faz inovação e sem inovação corre-se o risco de ser extinto."* Com esse raciocínio lógico, o capítulo dedicado à tolerância ao risco e seus efeitos traz questões como: quais as ferramentas, processos e posturas a abordagem *Design-Driven* traz para otimizar os bons resultados nas organizações? **Case:** *Coferly*, que aplicou o valor das hipóteses e sua validação na prática.

Engajamento — Responsabilidade da liderança, fruto de um ambiente de trabalho seguro e colaborativo, cultura organizacional ou tudo isso combinado e algo mais? No capítulo, a importância de engajar os times das organizações em seus mais variados tamanhos e conformações. **Case:** evento *Colabora! Design, pessoas e experiências,* exemplo de produção colaborativa e engajada da equipe de design do CESAR.

Disposição e determinação — O design pode ser uma poderosa ferramenta capaz de construir visões de futuro compartilhadas e promover a produtividade. Esses são elementos críticos para a criação de um ambiente de grande disposição e determinação para novos desafios. **Case:** *CESAR Go.In (Governança da Inovação),* que auxiliou uma grande indústria privada do setor elétrico a trilhar a sua jornada de inovação com mais foco, transparência e resultados.

Atitude questionadora — Uma atitude questionadora em relação ao contexto que nos encontramos é uma parte importante da personalidade das boas pessoas designers. Existe um limite para questionamentos dentro do desenvolvimento de um projeto, produto ou serviço? Como a organização pode se beneficiar quando pessoas de todos os perfis mostram uma atitude questionadora adequada? **Case:** *Lenovo — pesquisa e experimentação para construir uma tecnologia de inclusão.*

Olhando para meu negócio — Um conjunto de questões que, a partir de uma reflexão dentro daquilo que tem sido realizado hoje pela organização, facilita um diagnóstico do quão *Design-Driven* ela se encontra em relação a cada um dos pilares trazidos neste livro.

E o futuro? — A partir do que foi aprendido no passado e aplicado no presente, exercitamos, por meio de diálogos entre designers de diversas áreas do CESAR, futuros de impacto, desejáveis e possíveis para as organizações. Um último capítulo que abre inúmeras novas possibilidades.

CAPÍTULO 02

EMPATIA E ALTERIDADE

Amanda Lopes Oliveira • Gustavo Rodrigues • Lucicleide Pena da Silva

O termo "empatia" vem sendo usado na sociedade e em diversos veículos de comunicação, que apresentam sua definição como *"se colocar no lugar do outro"*. Franz Waal, no livro *A era da empatia*, apresenta o conceito como uma condição humana que pode contribuir com a vida em sociedade. A empatia é o ato de se colocar no lugar do outro e entender os seus sentimentos. Já o conceito de alteridade, que vem da antropologia, é reconhecer o outro com as suas diferenças no âmbito cultural e social que essas pessoas possuem, compreendendo que as suas singularidades e subjetividades são importantes, logo elas devem ser reconhecidas. No momento de preparação deste capítulo, refletimos sobre a alteridade ter aparecido de forma tímida na sociedade. Sem muitos holofotes em relação à empatia, a alteridade possui a definição de *"olhar o contexto das pessoas e compreendê-las aceitando-as suas diferenças"*. Segundo Don Norman, o design voltado para experiência do usuário precisa criar coisas ajustáveis e variáveis que tornem possível o que as pessoas estão tentando fazer. Porém, admite que, por não podermos entrar nas cabeças das pessoas, nem sempre as entenderemos e isso gera uma lacuna cultural entre os designers e as pessoas nas ruas, para quem eles estão tentando criar. Por isso, Norman acha a empatia impossível. Como colocar em prática a empatia, se não conseguimos observar as pessoas para aceitá-las como elas são? Construir relações com as pessoas envolvidas, observando quais as características delas, é importante para impulsionar a transformação da cultura dessas organizações e estimular a percepção de novas perspectivas. Além disso, temos um recorte da visão das pessoas de acordo com a nossa compreensão e experiências vivenciadas. Devemos perceber a pluralidade como algo positivo, sem criar barreiras que segregam as pessoas e dificultam as relações em sociedade.

Na perspectiva do design, entendemos que empatia e alteridade, respectivamente, são atitudes complementares de enxergar o outro e convidá-lo para um café. Colocar-se no lugar do outro e não fazer nada para transformar sua vida, direta ou indiretamente, são ações que se contradizem. Acreditamos e vivenciamos, então, que a empatia é o primeiro passo para a alteridade. Como seres sociais, livres para transformar o mundo, nos firmamos na interrelação com o outro. O design, como forma de buscar as melhores experiências e criar soluções inovadoras, precisa, antes de tudo, criar conexões com as pessoas, respeitando sua diversidade e contexto social. Em complemento, o conceito de *"Inteligência Espiritual"*, não apenas no sentido teológico, mas também no sentido filosófico e antropológico, é a capacidade de ver além das aparências. É a capacidade para criar soluções para problemas, construir pontes. É possível perceber que há uma relação muito grande entre esses conceitos de inteligência, espiritualidade, e os conceitos de empatia e alteridade. Reconhecer que ao mesmo tempo que faz parte da natureza do ser humano estabelecer essa conexão com o outro, é a interdependência que revela que isoladamente não somos ninguém. Por outro lado, mostra a complexidade das relações, a dificuldade em colocar em prática esses conceitos de empatia e alteridade: saber lidar com o outro e com suas diferenças. Afinal, é possível até reconhecer a necessidade de ser empático, ter bem claros esses conceitos, mas como lidar com isso? Como potencializar essa consciência e trazer melhores respostas para um projeto, para o dia a dia? Esse é um grande desafio. Neste capítulo você vai ler como a empatia e alteridade estão no processo de conseguir se adaptar para trabalhar em conjunto com diferentes pessoas, aprender a escutar umas às outras e conseguir extrair o melhor das diferenças para criar algo, de fato, inovador. Atrelado a isso, abordamos como a colaboração está alinhada a esses conceitos que, ao menos no CESAR, é uma premissa dentro dos projetos, e tratamos sobre perceber como, juntos, podemos gerar inovação dando valor às pessoas.

O que são alteridade e empatia e como esses conceitos se relacionam ao design?

Gustavo

No processo de design, passamos por fases que são imersão, definição, prototipação e teste. Conseguimos perceber novas possibilidades quando cocriamos com pessoas que estão participando desse processo. Em meu mestrado, adaptei o processo de pesquisa que acontece na fase de imersão para coletar os dados com pessoas idosas através do telefone para promover o engajamento delas. Essas adaptações do designer ao contexto são necessárias para abrir possibilidades e colocar em prática a empatia e alteridade.

Lucicleide

A empatia sozinha não se transforma, mas quando associada à alteridade é possível, porque alteridade é ir além. Uma coisa é quando me coloco no lugar do outro e outra coisa é um grupo de pessoas dentro de um projeto possuir esse olhar. A minha experiência no Squad 50+ mostra que o CESAR foi além da empatia por promover oportunidade para estagiários com o foco em inclusão geracional, o que já é um diferencial para o mercado. Além disso, pôs em prática ações de alteridade nos colocando na área de tecnologia, nos possibilitando desenvolver *soft-skills* e *hard-skills*.

Amanda

A alteridade e empatia são sobre furar sua bolha e o contexto onde você está. Enquanto pessoa designer, se você quiser compreender a vivência de um grupo ou pessoa, dependendo do contexto, você precisa se aproximar do ambiente dessas pessoas para praticar a alteridade e empatia. A alteridade é praticar a consciência da diferença das pessoas e perceber suas vivências, como angústias, sofrimentos e questões particulares. Por isso, as experiências serão diferentes devido às suas percepções. Ao mesmo tempo, essas diferenças enriquecem o processo de design.

Como esses conceitos podem ser pensados no contexto de uma organização?

Gustavo

Com ações internas contínuas que possam apresentar esses conceitos de forma prática para começar a introduzi-los aos contextos culturais das organizações, acompanhando essas mudanças. Além disso, estimular as pessoas envolvidas na organização e provocar a reflexão sobre a importância de desenvolvê-las a curto e longo prazo no dia a dia dos projetos que estão envolvidas.

Lucicleide

Uma das formas de aplicar esses conceitos na organização é na política interna. No CESAR, o Ciclo de Performance é um termômetro. É lá que estão contidos os valores da empresa e tudo o que precisamos é desenvolver a maturidade para o diálogo, para entender o outro. O exercício de realizar a autoavaliação, a avaliação do líder, trazer evidências, nos faz repensar nossa prática. Além disso, os programas de inclusão superam os números e promovem condições necessárias para desenvolvimento pessoal.

Amanda

Quando a organização trabalha esses conceitos, se preza pela troca entre os indivíduos, pelo acolhimento das individualidades, além do respeito mútuo. Com base nisso, a horizontalidade também é algo primordial, pois, independente de cargo ou posição na empresa, a horizontalidade permite que as pessoas se sintam confortáveis para uma troca e se ajudarem, enquanto a hierarquia gera entraves para uma troca mais empática.

Por que estabelecer alteridade e empatia na relação com os públicos interno e externo de uma organização?

Gustavo

Para que possamos ser assertivos nas organizações, fazendo que as relações possam ser elaboradas com o objetivo de pensar em estratégias que tenham o envolvimento desses públicos internos e externos. Por exemplo, no projeto da escola do Porto Digital, introduzimos a cultura de experimentação adaptada ao contexto do ambiente escolar, que proporcionou o contato da comunidade escolar com ações de inovação dentro desse âmbito com ciclos contínuos de estratégias que ecoaram para todos os envolvidos nesse contexto.

Amanda

Quando se tem uma cultura consolidada em um ambiente interno baseada em empatia e alteridade, fica mais claro como conseguir praticar esses conceitos nessas relações, pois se a empresa preza por colaboração, autonomia, integração entre áreas e quer dar destaque às pessoas colaboradoras e aos times nesse processo, fica mais fácil de todos entenderem como se comunicar e fazer alinhamento de expectativas. A comunicação e a escuta são peças-chave.

Lucicleide

Na construção do Manual 50+, inclui uma fala do CESAR que está no site institucional: *Estamos onde nossos clientes estão*. Essa fala apresenta interdependência na relação entre as pessoas envolvidas no processo de um projeto. Falando sobre o conceito de Inteligência Espiritual, ela nos capacita a sermos parte de um todo maior, pois se não cultivarmos esse sentimento, tendemos a parar em nós mesmos, a segregar e construir muros.

Um olhar mais empático influencia a gestão de projetos? Como construir isso?

Amanda

Percebo que onde a empatia é trabalhada flui muito melhor e os times também se sentem mais motivados a trabalhar. Esse olhar empático não é só para quem está executando projetos, mas também devemos olhar para todos *stakeholders* e perceber as necessidades do cliente. É sobre saber o momento e a importância de se adaptar pensando nos dois lados, o da organização e do cliente.

Gustavo

As ações devem possuir um olhar sobre as pessoas com cuidado para sermos exemplos para as envolvidas nesses contextos. Apresentar cases desenvolvidos pela a organização para sensibilizar pessoas de outros setores e oportunizar a participação dos envolvidos em ações internas provocando essas atuações dentro dos seus projetos.

Lucicleide

Acho fundamental a adaptabilidade que revela o potencial de ir além do "padrão". Mesmo atuando como UX designer, tenho desenvolvido mais o perfil de UX/Tech Writer. Inicialmente, o trabalho é 80% pesquisa e aparentemente não fica clara a sua contribuição, por isso é fundamental dialogar para compreender a perspectiva do outro. Há um lema que me ajuda a praticar a empatia e alteridade que apliquei ao superar a timidez e expor meu ponto de vista, me sentindo responsável também por aquela situação: *"Cada ideia é uma responsabilidade."*

Como sensibilizar colaboradores para promover uma cultura de empatia e alteridade dentro de minha empresa?

Amanda

É preciso alinhar o propósito da organização com momentos e projetos que possibilitem a prática desses conceitos no dia a dia, como, por exemplo, dentro dos projetos, em que o gestor pode fomentar essa cultura, promovendo momentos de facilitação entre o time para entender como estão se sentindo, abrir espaço para compartilhar dificuldades e possibilitar que as pessoas se ajudem.

Lucicleide

O caminho é dar voz às pessoas e criar ações que as pessoas possam refletir sobre, como academias e comitês, assim como rodas de conversa. A partir do momento que se trabalha a cultura organizacional e se dá espaço para os colaboradores trazerem suas experiências, aprendemos uns com os outros e compreendemos a interdependência nas relações, porque "eu sou" a partir do momento que reconheço o outro.

Gustavo

Valorizando as ações internas desenvolvidas pelos colaboradores que estão envolvidos nos comitês de diversidade, *green team* e etc. E também que essas habilidades sejam medidas pelos seus líderes para serem desenvolvidas no decorrer da sua jornada.

Qual o papel da liderança na construção dessa cultura?

Amanda

Desenvolver um ambiente acolhedor que possibilite a escuta, através da cultura de *feedback*. Também é preciso ter momentos individuais com o time, visando entender cada pessoa, suas ambições e a vontade para desenvolvimento.

Gustavo

A liderança deve apoiar a construção dessa cultura para sustentar mudanças culturais que impactarão as pessoas envolvidas com naturalidade, provocando o envolvimento frequente de novas pessoas nessas ações. Assim, o engajamento de outros setores poderá impulsionar novas transformações organizacionais cíclicas.

Lucicleide

Líder é a pessoa que deve ter a visão do que cada um precisa desenvolver e potencializar no processo e estimular o trabalho colaborativo. Partir do entendimento da realidade de cada um, do que cada um pode fazer, do que é melhor para todos, e a partir disso criar situações para difundir essa cultura. Através desse mapeamento se torna visível o porquê de difundir essa cultura.

Quais ferramentas e processos de gestão e recursos humanos podem ser pensados nesse contexto?

Amanda

Ferramentas que contextualizam pessoas sobre a empresa e permitem o acompanhamento dos ciclos de performance e desenvolvimento da carreira na empresa. Fora isso, é fundamental ter ferramentas de comunicação para dar abertura ao diálogo, como possuir um canal para ajudar as pessoas a tirar dúvidas ou compartilhar ideias com as outras pessoas e caso tenham algum problema com a gestão, ser possível reportar neste canal, passando o sentimento de ambiente seguro e acolhedor.

Lucicleide

Ferramentas que possibilitem o trabalho colaborativo, o *feedback* também de maneira assíncrona para facilitar a gestão do tempo, mas sobretudo é importante conversar com o time para saber qual ferramenta atenderá às necessidades e será efetivamente utilizada por todos.

Gustavo

Mapeamento de ações da organização acerca da alteridade e empatia para observar quais novas ações podem ser executadas e os resultados das ações que já foram realizadas. Além disso, existem algumas ferramentas que podem ser utilizadas nesses contextos. Uma delas é o *canvas* de mapeamento de *stakeholders* de diversidade, ajudando a observar quais pessoas possuem uma aderência para essas ações, e outra é o *canvas* de estratégias de diversidade, que contribuirá para potencializar ações que foram realizadas nas organizações.

Como promover experiências empáticas no ambiente corporativo?

Amanda

Definindo questões que precisam ser trabalhadas na empresa e, assim, incentivar os colaboradores a participarem colaborativamente da construção de algo, trabalhando o intraempreendedorismo na organização. Assim, as pessoas passam a desenvolver uma ideia que pode se tornar algo relevante na empresa, além de ter uma troca com outros colegas e desenvolver novas habilidades, aprendendo a se colocar no lugar do outro por escutar pessoas e construir uma solução que faz sentido e atende uma necessidade real.

Gustavo

Estimular habilidades que envolvem a cultura de experimentação para que sejam desenvolvidas a cada ciclo, como, por exemplo, a escuta ativa nas equipes, o apoio em ações de outros setores, a colaboração de todos os envolvidos e a troca de ideias sem o julgamento das pessoas. Apresentar os resultados dessas ações realizadas para todos os setores nesses períodos e estimular a atenção sobre como pequenas ações podem impactar a empresa.

Lucicleide

Pensando em minha experiência atual, minha nova mentora sugeriu que eu apresentasse para o time de design o perfil de "Tech Writer", que ainda está se consolidando no mercado e, portanto, é um conhecimento novo que estou aprendendo e é preciso desenvolver colaborativamente. Promover experiências que dão espaço para apresentar o novo, como momentos para solicitar ajuda, chamar o time para dialogar e discutir perspectivas, pois muitas vezes realizamos a mesma prática, mas a perspectiva é outra.

Quais os impactos de uma cultura de empatia e alteridade no engajamento e na produtividade de equipes?

Amanda

A cultura de empatia e alteridade impacta diretamente em como os indivíduos se sentem confortáveis para trocas e para trabalhar na empresa, o que acaba refletindo na produtividade, já que as pessoas passam a se sentir mais seguras para compartilhar seus sentimentos e confortáveis para pedir ajuda com determinada demanda.

Lucicleide

Penso que a cultura de empatia e alteridade traz mais motivação e compromisso das pessoas por saberem que terão voz e serão respeitadas.

Gustavo

O impacto principal é o fortalecimento do sentimento de reconhecimento com aprendizagens contínuas para todos os impactados direta e indiretamente por essas experiências vividas. Além disso, fazer com que essas práticas sejam contínuas e aconteçam de forma natural para a organização, independente dos setores envolvidos, promovendo indiretamente o desenvolvimento delas.

Como isso se relaciona a processos de inovação?

Amanda

A cultura de alteridade e empatia está relacionada com o processo de inovação, pois precisamos de perspectivas diferentes, de pessoas com vivências e conhecimentos diferentes. Quanto mais diversidade de idades, localidades, gênero e raças entre as pessoas que trabalham inseridas em um contexto, melhor para conseguirmos inovar. Afinal, alteridade é sobre compreender as diferenças e enxergar o valor nessas diferenças, enquanto inovar é sobre encontrar uma nova solução para atender a uma nova demanda real.

Lucicleide

O processo de inovação requer, antes, um processo de mudança das pessoas e de perspectiva. Conforme as pessoas adquirem mais conhecimentos, elas começam a se transformar. Diante da proposta de valorizar a diversidade, todos precisam estar preparados para tal. Portanto, a empatia e alteridade promovem maturidade e permitem o desenvolvimento de habilidades favoráveis à inovação.

Gustavo

Os processos de inovação se observam pela perspectiva da cultura de experimentação, com o intuito de aprender, fazer novamente, e pelos aprendizados adquiridos quando iniciamos o contato com esses processos. A empatia e alteridade proporcionam olhar as pessoas sem o julgamento que colocamos diante dessas percepções que trazemos de nosso convívio social.

> **Quanto mais diversidade de idades, localidades, gênero e raças entre as pessoas que trabalham inseridas em um contexto, melhor para conseguirmos inovar.**

Como todo esse trabalho vai impactar o futuro da minha organização?

Amanda

A construção de uma cultura de empatia e alteridade começa com um trabalho de formiguinha: pessoas entendendo a importância de se colocar no lugar do outro, que cada um tem suas diferenças, além de compreender essas diferenças como potencial para inovar. A longo prazo, se consegue que a organização esteja mais preparada para as novas demandas de mercado, pois naturalmente se está mais propensa a ouvir e dar voz às necessidades das pessoas, e consequentemente pode construir soluções mais adequadas a essas necessidades.

Lucicleide

A pandemia de Covid-19 trouxe uma nova perspectiva de vida muito relacionada com a inteligência espiritual — a visão de que "eu construo a partir do outro". Para que eu esteja bem, o outro precisa estar bem. Então, para as empresas sobreviverem ao mercado, precisarão potencializar nas pessoas a inteligência espiritual, difundindo a cultura da fraternidade. A empresa que não tiver essa perspectiva poderá perder colaboradores para outras empresas por conta do ambiente não promover o bem-estar.

Gustavo

Contribui para a formação de um ecossistema organizacional mais inclusivo em diversas esferas, possibilitando a ampliação do empoderamento dos setores e de todas as outras áreas que virão a existir no futuro.

CASE: *SE TOCA, MANA* – O DESIGN COMO PROCESSO PARA INVESTIGAÇÃO DAS BARREIRAS RELACIONADAS À SAÚDE DE MULHERES LBT.

Tomando como base as problemáticas enfrentadas para o exercício do direito à saúde por mulheres lésbicas, bissexuais e transsexuais (LBT), esse projeto nasceu no Mestrado Profissional em Design da CESAR School. Ao longo do mestrado, um grupo de estudantes desenvolveu a *"Se Toca, Mana!"*, uma plataforma de emancipação feminina através da democratização do acesso à informação sobre autoconhecimento, sexualidade e saúde para mulheres diversas. O público é composto principalmente de mulheres LBT que têm dificuldade de achar profissionais de saúde que tratem sua sexualidade com naturalidade e buscam um espaço de troca entre semelhantes sobre questões relacionadas à saúde e aceitação. A plataforma funciona através da curadoria de conteúdos informativos e educativos gratuitos sobre saúde. Além disso, possui um espaço de indicação de profissionais de saúde com experiência no público LGBTQIA+ e indicações de instituições de rede de apoio.

Como foi o processo?

Durante a pesquisa e desenvolvimento da solução foi entendido que, através da democratização do conhecimento, é possível melhorar o acesso e experiência dessas mulheres para que o acolhimento delas incentive uma autonomia e estimule a aproximação de temática sobre corpos, conectando profissionais de saúde com mulheres e levando em conta suas diversidades e contextos em que vivem. A abordagem escolhida para a pesquisa foi a do *Design Science Research,* que busca validar a relevância de determinado problema e, posteriormente, da solução proposta. Ou seja, permite construir conhecimento útil e aplicável para a resolução de problemas e, consequentemente, a criação de novas soluções e artefatos. O processo foi realizado de maneira interativa e incremental. A imersão contou com pesquisa desk e pesquisa quantitativa, além da realização de entrevistas com mulheres pacientes e profissionais de saúde. O objetivo foi encontrar dados acerca da vivência da população LGBTQIA+ e entender a vivência dessas mulheres em diferentes contextos. Após analisar os dados, ocorreu um processo de ideação colaborativo através do *brainwriting,* de acordo com as necessidades das pessoas, tendo um olhar empático em relação à vivência e particularidades das pessoas entrevistadas. A etapa de prototipação foi desenvolvida utilizando ferramentas no code e, em seguida, foram realizados testes com usuárias, com um total de 6 profissionais da área de saúde e com 10 usuárias do sistema público e privado de saúde. Após a validação do protótipo, seguimos para o refinamento do artefato, levando em conta as observações feitas pelas usuárias em relação à usabilidade, identificação da marca e conteúdos.

Resultados obtidos

Como resultado, chama a atenção a falta de acesso à saúde que não seja constrangedora para mulheres LBT, e isso acarreta na ausência dessas mulheres nos tratamentos preventivos e rotineiros de cuidado à saúde. Dessa maneira, o desfecho da pesquisa se deu com o desenvolvimento de um protótipo de alta-fidelidade com base nas evidências encontradas durante todo o processo. A marca também foi alterada para que remetesse à questão da saúde, algo colhido a partir dos feedbacks dos testes com usuárias.

Além disso, tivemos a construção de uma caixa protótipo com a temática de "acolhimento", enviada à casa de uma das entrevistadas, para validação do clube de assinatura (modelo de receita da plataforma). Atualmente, esse projeto que nasceu do olhar empático e identificou que a prática da empatia e alteridade ainda é precária no contexto da saúde, principalmente com o público LGBTQIA+, virou empreendimento social para impactar positivamente a vida e a saúde de mulheres diversas.

CAPÍTULO 03

COLABORAÇÃO E DIVERSIDADE

Haidée Lima • Helda Oliveira Barros
Ariel Moraes da Rosa • Matheus Araújo

A colaboração é essencial para o desenvolvimento da sociedade atual, cada vez mais diversa — para nossa felicidade. Essa diversidade é fator fundamental para a construção de um conhecimento realmente valoroso para todas as pessoas. E as organizações, se não quiserem ficar para trás, devem se abrir para essas mudanças e incentivar e prosperar a partir delas. O diverso é o padrão de verdade, principalmente quando nos referimos ao cenário brasileiro, que é um banquete de possibilidades.

É evidente que existem desafios, e um deles é que pessoas muito diferentes podem ter visões de mundo opostas e conflituosas. O contexto de transformação digital também traz um desafio enorme, que é não parar para pensar no que faz verdadeiramente sentido. Isso é grave em nossa área de artefatos digitais: projetar soluções pode gerar novos problemas ou aumentar a lacuna social drasticamente. Por exemplo, o aplicativo para agendar a vacinação. É fantástico para pessoas com formação digital, com um bom celular, com internet em casa, mas nem todas as pessoas vivem essa realidade. Por isso, esse tipo de questão precisa de atenção. Precisamos ouvir, considerando todas essas interseccionalidades que estão aí. A colaboração é necessária para realmente reconstruir essa visão mais ampla e conseguir entregar, dentro da ótica do design, intervenções que façam sentido real para vida das pessoas. Quando não trazemos colaboração e diversidade para o que se entrega, surge algo a partir de uma perspectiva unilateral, privilegiada, hegemônica e que não corresponde às necessidades das pessoas. Trabalhar com uma equipe diversa, em todos os sentidos, trará resultados ainda mais ricos. Um leque de conhecimento e visão de mundo que irá aumentar — e a forma de trabalhar nos processos, também.

O QUE É COLABORAÇÃO E COMO FUNCIONA NO DESIGN?

Ariel

É a junção de pelo menos duas pessoas trabalhando com o mesmo objetivo. Colaborando com ideias e pontos de vista diferentes, trabalhando juntas para entregar um produto, uma ideia, o que for. A base para a colaboração também são os pilares de empatia: paciência, gentileza, o básico do contato com outro ser humano. E o modo como a colaboração se relaciona com design é ser intrínseco, no sentido de que tem que haver colaboração. O design não é feito sozinho. Para mim, sempre foi um processo muito colaborativo, sendo feito em conjunto com a equipe. Quando você pensa em trabalhar com design, você já tem que saber se gosta de trabalhar com pessoas — porque você trabalha com e para pessoas.

Haidée

Segundo alguns autores, a colaboração é condição fundamental para o desenvolvimento na sociedade contemporânea. E, grosso modo, ela seria o trabalho em conjunto e coordenado, com um objetivo em comum. Penso que não existe design sem colaboração, porque o processo todo de design exige que a colaboração faça parte dele. O nosso mundo, cada vez mais complexo, necessita de respostas elaboradas não por uma pessoa, mas por um grupo. Uma pessoa não tem, sozinha, todo o repertório de conhecimento e habilidade necessários para dar conta da complexidade das respostas que uma organização precisa, por exemplo — mas um grupo de pessoas pode ter. Dessa forma, colaborativamente, é gerado um conhecimento compartilhado, que cada pessoa, individualmente, não possui ou não conseguiria obter sem a colaboração do outro.

Helda

Temos hoje um cenário relacionado à colaboração e ao codesign, em que a gente está se colocando no lugar desse designer que não é o grande solucionador dos problemas do mundo. Esse reconhecimento de que nós não somos imparciais no processo faz com que tenhamos consciência de que não se consegue compreender esse mundo por todas as óticas que precisam estar envolvidas em um projeto. Quando penso em colaboração, penso muito na antropologia. Na pluralidade dos usuários, na diversidade desses olhares. Questões que são de pertencimento, mas que também são identitárias de determinados grupos. Existe essa expressão do designer como maestro, que é nos colocarmos não como esse profissional que vai dizer o que são as soluções, mas um profissional que vai orquestrar essas vozes, envolvidas no projeto, usando as ferramentas da profissão.

Matheus

A colaboração é um conjunto de ações, tomadas por diversas frentes que, baseadas em suas referências e influências, trazem suas perspectivas e contribuições visando um resultado que idealmente irá representar a pluralidade dos envolvidos.

Qual a importância da diversidade na colaboração e qual a influência disso para uma organização?

Ariel

É fundamental. Às vezes até acaba sendo um pouco clichê, mas é verdade. A diversidade é justamente pensar em situações e contextos que você nunca chegaria a pensar se não fosse justamente a inserção dessas pessoas que têm uma vivência tão diferente. Vejo a importância da diversidade crescendo nas organizações, principalmente em times multidisciplinares. Pensando no design, minha área de formação, pouco tempo atrás, e em muitos lugares ainda, as equipes de desenvolvimento de software eram compostas apenas por desenvolvedores. Hoje, temos outros perfis — UX/UI Designers, UX Writing, pessoas de empreendedorismo, etc — e todo mundo faz parte da mesma equipe. Existe esse primeiro nível de diversidade profissional e também a diversidade de pessoas. Todas as formas, todas as vivências e isso consequentemente torna o produto muito mais rico, muito mais acessível. Acho que acessível é a palavra chave da diversidade.

Haidée

É importante não normalizarmos a falta de diversidade. Ter sempre um olhar crítico e perceber quem é que está faltando ali. Ver que uma organização deveria ter mais mulheres, pessoas negras, indígenas, PCDs, LGBTQIAP+, e esse grupo diverso de pessoas construir um conhecimento que é adquirido apenas de forma colaborativa. Uma pessoa sozinha não detém esse conhecimento — ao mesmo tempo é um conhecimento que precisa dessa troca.

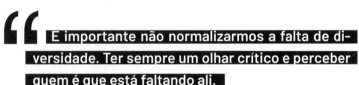

> É importante não normalizarmos a falta de diversidade. Ter sempre um olhar crítico e perceber quem é que está faltando ali.

Helda

É essencial para se ter uma colaboração real. Acho que tem duas coisas: a diversidade enquanto equipe, mesmo que sejam todos designers, e a diversidade enquanto perfis. Que aí é diversidade de gênero, sexualidade, etnias e tudo mais, e não ter somente designers tomando a decisão. Antes até de pensar dentro do âmbito do desenvolvimento de um projeto, precisamos pensar enquanto sociedade, mesmo. Pensar como podemos potencializar o poder de inovação na vida das pessoas a partir de dentro da organização para entender as pessoas de fato. Precisamos olhar para nossas salas de aula, para nossas equipes de projeto. Se não há mulheres, pessoas negras e pessoas LGBTQIAP+ em cargos de liderança, isso é um problema para qualquer organização.

Matheus

É bom lembrar que a diversidade se faz necessária pelo fato de que é preciso maximizar a representação de todos os tipos de grupos. É preciso que existam mais pessoas que possam trazer visões diferentes da sociedade, com o intuito de alcançar um público maior e o teor do desenvolvimento possa ser mais inclusivo.

Quais são os principais obstáculos para a colaboração e diversidade?

Ariel

Em alguns momentos, pode parecer um paradoxo, mas é quando as pessoas estão trabalhando colaborativamente de forma individual. Ou seja, estão trabalhando com outras pessoas, mas não estão levando esse trabalho colaborativo em consideração. É importante entender que é um trabalho conjunto e não uma competição. Muitas vezes, a competição é um grande obstáculo, porque é difícil colaborar de forma bacana quando você está competindo com um colega. E o líder também pode ser até um facilitador — ou dificultador.

Haidée

A hierarquia, a centralização e a falta de flexibilidade são pontos que podem dificultar um projeto colaborativo. Mesmo um time diverso, se for limitado por uma liderança hierárquica e centralizadora, não consegue alcançar todo seu potencial colaborativo. A diversidade existe de forma independente, e ela é um potencializador da colaboração. A visão limitada e o preconceito da liderança na hora de selecionar um time são grandes obstáculos. Se a liderança valoriza só um ou dois tipos de perfil de profissionais, ela pode deixar de perceber o potencial de outros perfis na organização de uma equipe.

Qual o papel das lideranças na construção de um time colaborativo e diverso?

Ariel

Entender quais são os pontos fortes da equipe. Também ver os pontos que precisam ser melhor trabalhados, e entender como a diversidade está sendo contemplada. Muito se fala sobre não ser possível *"abraçar o mundo o tempo todo"*, mas podemos entender justamente quem não está sendo abraçado para, dependendo do projeto, estudar outras possibilidades. Uma visão global sobre pontos de vista técnicos e humanos é o que a liderança precisa ter para construir um ambiente saudável.

Haidée

Um olhar atento e cuidadoso para as pessoas, observando suas características individuais e suas habilidades é fundamental para a construção de um time com potencial colaborativo. O papel da liderança nesse momento é de abrir caminho, facilitar e orientar o processo de colaboração. Ela deve também acompanhar todo o processo e saber orientar os integrantes do time para que cada potencial individual seja direcionado para o resultado colaborativo. O protagonismo é importante, mas é bom que essa energia seja direcionada para um resultado comum. A liderança deve sempre orientar para que seja pensado no coletivo e no que está sendo construído nesse processo todo. Ao mesmo tempo, valoriza a autoestima de cada um para que as pessoas se sintam seguras em compartilhar suas ideias e colaborar.

Helda

É você ter diversidade para colaboração tanto no aspecto mais interno da própria equipe quanto externo, se você convida a comunidade para decisão do projeto. Tanto interno quanto externo deve ter diversidade de gênero, sexualidade e de gerações, e se for um perfil mais externo deve ter pessoas com áreas de conhecimento distintas, ter vozes sociais transversais. Como ponto de partida para a seleção, é preciso pensar institucionalmente que precisamos ter diversidade e representatividade em cargos estratégicos, também. Que essa é a dificuldade. Quando vemos que mulheres não estão em posições tão estratégicas. Quando você olha pra pessoas LGBTQIAP+ é um percentual muito pequeno, e quando você olha pra pessoas negras, então, é um percentual menor ainda.

Matheus

Os líderes possuem um papel essencial, que é o de fazer com que todos os membros da equipe consigam produzir com qualidade e, de preferência, que consigam produzir juntos, um complementando o outro, deixando os resultados mais ricos e completos. Quando falamos de um time colaborativo e diverso, o papel desse líder se torna ainda maior, já que existem algumas dificuldades quando falamos de pessoas diferentes e com perspectivas diferentes. O líder precisa ter manejo e ter boas relações interpessoais, para que todas as trilhas possam se unificar e produzir algo positivo.

Qual o poder da colaboração e a diversidade nas pessoas e qual a ligação disso com o design?

Ariel

Tanto nas relações interpessoais quanto no design ninguém chega muito longe sozinho. Na verdade, essa frase se aplica a todas as carreiras, já que o ser humano é um ser social. Por precisarmos conviver com o outro, começamos a criar laços e vínculos que vão além do trabalho e, consequentemente, o design é melhor solucionado. Trabalhamos para solucionar problemas. Está tudo conectado.

Haidée

A diversidade é fundamental, já que ela potencializa a colaboração por meio de uma pluralidade de visões e modos de pensar, além de multiplicar as possibilidades de resposta para uma problemática. Em um projeto que eu trabalhei, por exemplo, envolvemos todos os *stakeholders* no processo de criação dessa solução. No início, eles tinham muita resistência e também ansiedade em relação ao processo, mas quando começaram a ver o resultado disso ficaram muito satisfeitos. Foi uma construção colaborativa com todo o grupo. Trabalhar assim é muito mais satisfatório e é muito mais eficiente para o resultado. É entender que a construção do processo também é coletiva.

Tanto nas relações interpessoais quanto no design ninguém chega muito longe sozinho.

Helda

Como a colaboração funciona no design é outro ponto que merece destaque dentro do próprio processo de design. De uma forma geral, o design é muito orientado por aquele processo clássico. Quando vamos para essa ótica da colaboração, a primeira coisa que muda é o processo do projeto. Porque normalmente a prerrogativa do design está muito ligada a esse processo de construção e geração de artefatos, e quando olhamos para a colaboração isso muda, porque o processo muda obrigatoriamente ao longo do projeto. Nós precisamos de caminhos de design menos tecnicistas. Aí vem a discussão do Donald Norman, entre outros, que falam de sistemas sociotécnicos, onde a técnica — tecnologias digitais ou não — e a prática — hábitos, práticas e interações — estão presentes, mas elas se entendem aplicadas em um contexto social.

O que muda no engajamento e na produtividade das pessoas quando incluímos a colaboração e a diversidade no nosso dia a dia?

Ariel

É o conhecimento. Eu vejo muito, por exemplo, no projeto que estou agora. Estamos tendo momentos divertidos. Juntos conseguimos caminhar com a colaboração de todos e a produtividade também aumenta. Você começa a ver outros cenários, começa a ter mais empatia. Trabalhamos essas habilidades essenciais que o CESAR tanto preza e que são frutos da colaboração.

Haidée

Para que um time diverso e colaborativo consiga trabalhar bem, depende muito do relacionamento entre as pessoas envolvidas, da confiança entre elas e do comprometimento de cada participante para alcançar os resultados. Outro ponto importante é que, embora de forma geral o processo colaborativo pareça intuitivo, ele necessita de uma coordenação que organize e direcione os esforços para o objetivo comum do projeto.

Quando um trabalho é feito de maneira colaborativa, naturalmente ele acaba multiplicando o seu engajamento e produtividade.

Matheus

Quando um trabalho é feito de maneira colaborativa, naturalmente ele acaba multiplicando o seu engajamento e produtividade. Isso porque as pessoas trabalham com mais afinco quando outras pessoas estão compartilhando os seus objetivos. Até na questão de mentalidade: quando existe uma pluralidade de colaboradores trabalhando juntos, é notório que a motivação se amplia e faz com que aumente a produtividade — um "puxa" o outro.

Como a colaboração e a diversidade se relacionam com a inovação?

Ariel

Uma frase de Geber Ramalho, professor da CESAR School, diz: *"inovar é treinar o olhar para enxergar as oportunidades de geração de valor."* Acredito que tudo que abordamos até aqui contribui para um ecossistema de inovação, em que a diversidade contribui para novas ideias que antes não conversavam. Assim, elas começam a conversar e surge algo novo. Algo que vai contribuir com a proposta de valor do negócio, contribuir para um público que se identifica de uma forma diferente.

Helda

É preciso trazer a inovação também dentro do conceito da inovação social, em que a colaboração é o único meio para que exista de fato a inovação. Processos que promovam uma mudança de comportamento, por serem feitos juntos com as pessoas. O WhatsApp no Brasil é um ótimo exemplo. Lembro que antes de termos redes sociais e WhatsApp dessa forma, tínhamos celulares para fazer ligações ou receber SMS. A ligação era muito cara, assim o público que tinha menor poder aquisitivo recorria muito a SMS. Quando o WhatsApp veio, de certa forma, ele resgatou esse comportamento.

Como um trabalho colaborativo e diverso faz a diferença no futuro de uma organização?

Ariel

Hoje em dia, vemos pessoas cada vez mais novas entrando no mercado de trabalho e acho que essa geração luta ainda mais pelos direitos e pela diversidade. As empresas para conseguirem se manter com influência e ter uma longevidade precisam ter essa diversidade ou serão vistas como ultrapassadas. Ninguém vai querer trabalhar nessa empresa. As pessoas não vão estar mais por tanto tempo em lugares onde não se sentem representadas. Não há mais aquela ideia de ter que se manter no mesmo lugar vários anos nem aguentar tudo que está ali. Por exemplo, o projeto de Libras para pessoas surdas. Imagine um projeto desses em uma empresa que não faz pesquisa com usuário?

Haidée

Quando você está fazendo um produto ou uma solução para a sociedade, que está cada vez mais diversa, se a empresa não acompanha, ela acaba se distanciando. Ela não vai conseguir mais encontrar respostas para as perguntas, para soluções e produtos que atendam a essa sociedade. Em uma empresa muito homogênea, as pessoas não estão sendo confrontadas com aquela realidade, aquela diversidade, e não se questionam nem amadurecem em relação a ela.

Helda

No trabalho remoto, por exemplo. Algumas relações de gênero, etnia, assim como referências culturais, se tornaram menos relevantes nesse período. As pessoas têm um esforço menor de compreender e crescer com essas diferenças devido ao trabalho remoto e a algumas tecnologias que causam distanciamento. Isso precisa ser discutido. Como a gente perpetua essa discussão da diversidade em contextos de maior impessoalidade no trabalho? Porque você não está cruzando com as pessoas quando vai pegar um café, vai no banheiro. Por isso, não está sendo discutido se uma pessoa trans vai usar o banheiro feminino ou masculino. Você não precisa ter essa preocupação. Eu acho que isso é algo para se pensar em um futuro. A pandemia trouxe isso. Percebemos como uma mudança do perfil de trabalho, e muitas empresas, especialmente de tecnologia, vão continuar remotas. Como ampliar esse cuidado no relacionamento laboral à distância?

CASE: PLAYTOWN

Recife é uma cidade com um DNA inovador, pensa fora da caixa, produz e respira criatividade. Pensando em potencializar estas características, a Secretaria de Turismo e Lazer da Prefeitura do Recife realizou uma parceria com o CESAR para a criação do **Playtown**: projeto de construção colaborativa para tornar Recife uma cidade mais lúdica, plural, conectada — e ainda mais criativa.

Para isso, o **Playtown** contou com 3 etapas: *workshop cidade lúdica, hackathon* e *laboratório de imersão*. Na primeira etapa, a sociedade foi convidada a dialogar e debater, juntamente com os palestrantes, sobre o que são cidades lúdicas e como levar isso para a realidade do bairro do Recife.

Em um segundo momento, foi realizado o *hackathon*, uma maratona criativa, que durou dois dias e contou com sessões de ideação e prototipação. A ideia era formar times plurais, diversos e multidisciplinares para criar possíveis soluções para transformar o bairro do Recife em um local divertido e interativo. Nesta etapa, participantes da sociedade, com diversos perfis e *backgrounds*, realizaram sessões de ideação e validação dessas ideias, com a mentoria da equipe do CESAR no uso de técnicas e ferramentas de pesquisa, ideação, refinamento de ideias, prototipação e validação de soluções.

Após uma análise criteriosa das ideias geradas, o time do CESAR, em conjunto com um comitê composto por entidades do governo municipal, selecionou sete ideias para serem refinadas na terceira e última etapa do **Playtown**, o *laboratório de imersão*. Nesta fase, um grupo multidisciplinar da sociedade foi recrutado para compor o Laboratório e, junto com a equipe do CESAR, amadurecer, prototipar e validar as ideias selecionadas. Esse refinamento serviu para a escrita dos Termos de Referência a serem utilizados pela Prefeitura do Recife para abrir licitação e pôr em prática as soluções geradas.

Ao final dos três meses do projeto, o **Playtown** se mostrou um sucesso no esforço para promover intervenções para uma cidade mais lúdica, mais integrada e mais consciente dos espaços públicos.

CAPÍTULO 04
ABERTURA PARA O NOVO

Renata Freire Sellaro • Lívia Pastichi • Milena Leimig

"A ideia de que nossos cérebros nos recompensam por aprender realmente se alinha com a hipótese de que a curiosidade também ajudou nossos primeiros ancestrais humanos a sobreviver. Pense na utilidade de uma ferramenta de pedra ou de um barco. Os humanos precisavam entender o ambiente e manipulá-lo para sobreviver. Hoje, nossa curiosidade não é tão útil em termos de sobrevivência. Mas é útil quando pensamos em educação, ou mesmo no que nos faz felizes." (Tradução livre de trecho de "The Science of Curiosity", artigo de Britannica Curiosity Compass).

Desde o início dos tempos a curiosidade é parte da força motriz do ser humano para provocar mudanças, sobreviver, perpassar desafios e se abrir para o novo. Além disso, é uma forma de extravasar a força criativa natural do ser humano como forma de questionar o hoje e para onde vai — ou foi. É um processo dinâmico e natural de observação, tentativas, erros e experimentações. Estudos de Florio e Tagliari contam que a criatividade é resultado do incentivo à quebra de paradigmas concretos, de definições e de formas predeterminadas. Isto é, a criatividade surge ao realizar esse rompimento para que possam surgir novas perspectivas sobre determinado escopo. O novo requer coragem, mas não precisa ser um bicho de sete cabeças. Acima de tudo, o novo é um processo que naturalmente exige atenção, se quiser verdadeiramente compreendê-lo. No consumo, como ao ler algo diferente, é um experimento de identificação através dos sentidos. No aprendizado, como aprofundar e se especializar em algum conhecimento, é um exercício em paciência consigo mesmo. O novo, muitas vezes, surge da inspiração, e a inspiração surge do que nos é externo na maioria das vezes. Nesse sentido, o contato social e o relacionamento com as pessoas ao nosso redor pode ser um impulso importante. Essa relação pode tomar várias formas, como, por exemplo, ter referências claras e mentores ou amigos queridos com quem compartilhamos a vida, ou até referências mais coletivas, como um grupo de pessoas, ou algum tipo de negócio.

Ouvir o que as pessoas têm a dizer e ver o que elas têm a mostrar já é um jeito de estar aberto para o que ainda nos é desconhecido. Quantas vezes pessoas próximas já nos recomendaram filmes, músicas, livros? Nos contaram histórias, relatos, vivências e compartilharam opiniões? Toda essa prática de compartilhamento tem o poder de inspirar novas ideias, e o entusiasmo que vem nessa interação entre pessoas também pode influenciar a própria curiosidade para o inédito que o outro oferece — é uma troca. O mundo tem passado por grandes transformações em diversos eixos econômicos, políticos e culturais, tanto quanto a relação entre os seres e o meio. Além da rápida distribuição de informações, a complexidade das questões está cada vez maior. A demanda por novas informações já é crescente e marcada pela onipresença da internet e a socialização digital. Mesmo que nesse caso geralmente sejam informações passivas e facilmente digeríveis, o papel das pessoas nesse momento de transformações se torna essencial para que as organizações se abram ao novo e consigam acompanhar essas transições. Para que essa abertura aconteça é necessário cultivar internamente um ambiente que possa contribuir para o desenvolvimento dos colaboradores. Também é necessário traçar estratégias para que as pessoas tenham autonomia nas áreas que trabalham e se empoderem do seu conhecimento para colaborar dentro e fora de seus setores. Acreditamos que você pode começar a se abrir para o novo observando, questionando, experimentando, colaborando — e que seja uma jornada de muito aprendizado.

COMO É POSSÍVEL ESTAR ABERTO PARA O NOVO E TER UM BOM PLANEJAMENTO AO MESMO TEMPO?

Livia

No dicionário Oxford o significado de "*novo*" é algo que nasceu ou apareceu recentemente. Gosto bastante dessa definição, principalmente de algo que nasceu, pois isso gera curiosidade, e a curiosidade é fundamental para se estar aberto para o novo. Com o passar do tempo, tendemos a perder essa curiosidade inata das crianças, e resgatar esse ímpeto de desbravar o desconhecido é fundamental nos dias de hoje, em que estamos imersos a problemas cada vez mais complexos e desafiadores.

Se abrir para o novo em si é um desafio, e estar aberto para isso muitas vezes pode assustar, pois o "novo" normalmente está conectado a sentimentos de incerteza. Tem muito a ver com desenvolver um conforto com a ambiguidade, o não saber e se mostrar vulnerável em face do futuro. Para muitas pessoas isso já dá até um friozinho na barriga. Mesmo que muitos medos surjam desse lugar, a receptividade que vem do "abrir-se para o que é novo" já é um ato de coragem. Estar aberto para o novo não quer dizer que você precise fazer mudanças radicais no seu dia, até porque as responsabilidades são muito maiores do que as das crianças. Uma amiga minha da época da faculdade de design me contou que não gostava da mesmice, e sempre que podia pegava uma rota diferente para voltar para casa. Ela dizia que isso a impulsionava a olhar as pessoas e lugares por onde passava de forma diferente. Por isso, acho importante encarar o novo com curiosidade, como se fosse um jogo criativo. Dessa forma, consigo me sentir o mais perto possível de estar andando para frente, ao não ter medo de encontrar várias "estacas zero" no caminho.

Milena

Estar aberto para o novo pode fazer parte do seu dia a dia. Assim como minha amiga Ruthy, você pode fazer uma nova rota e descobrir uma floricultura no caminho; pode ouvir um *podcast* sobre um assunto que você nunca ouviu falar; pode pesquisar sobre novas formas de criar algo; observar como o seu "Biu" da barraquinha tem clientes tão diferentes e tão fiéis... O novo pode ser inserido no dia a dia e também ajuda a aumentar seu repertório, o deixando mais criativo para conseguir resolver os problemas que você enfrenta no seu trabalho ou na sua vida pessoal. Penso que o ato de deixar o novo entrar está atrelado também a uma coerência consigo mesmo ou com um contexto — é um processo de identificação. E, se for o caso desse novo representar uma grande mudança, pode vir como um processo motivador para repensar e reavaliar métodos e experiências passadas, ou até transformar um *mindset* inteiro. O novo não precisa causar angústia e incertezas, mas pede tempo.

Abertura para o novo é possível em todos os setores de uma organização?

Renata

Para uma organização acompanhar as transformações que estão cada vez mais rápidas, acredito que a divisão entre setores criativos e operacionais não seja mais suficiente. Puxar pessoas que vêm de contextos diferentes é extremamente benéfico para uma organização. Pessoas com diferentes perspectivas juntas fomentam a colaboração e promovem a inovação. Acredito que o novo pode estar em qualquer lugar. Não faz parte apenas de processos mais criativos ou de setores específicos. Normalmente, pessoas de setores mais criativos são mais estimuladas a estarem mais atentas a novidades e a experimentar. Uma coisa que a maioria das áreas tem em comum são os problemas, e esse é o ponto: entender um problema como uma oportunidade de experimentar e abrir novas possibilidades. Imagine a empresa que você trabalha, ou trabalhou, ou até dentro da casa que você mora. Pense em algumas dificuldades que você passa, ou que alguém lhe contou. Essas dificuldades podem ser a oportunidade de tentar algo novo, de testar uma forma diferente de como algo é feito ou até mesmo aprimorar o processo de como algo é realizado. Por mais que existam formas bem estabelecidas de cumprir algumas tarefas, ainda é possível encontrar alternativas criativas em meio à necessidade, enxergando o problema sob diferentes perspectivas. É necessário que haja essa abertura para experimentação dentro dos setores e até uma disposição para sair do comum.

Livia

O papel das pessoas é fundamental para a abertura ao novo, pois elas estão contribuindo diretamente para o desenvolvimento de uma organização. O conhecimento dessas pessoas é essencial para a solução de uma dificuldade enfrentada. O processo de abertura para o novo está totalmente conectado com a colaboração. Imagino dois contextos: um deles é a colaboração, no sentido de compartilhamento de informação no momento de aprendizado, seja na forma de um mentor que apresenta o conhecimento ou por meio de um grupo onde a troca de ideias é uma ferramenta essencial. O outro é quando se trabalha em uma organização envolvendo várias pessoas e existe vontade de incorporar algo diferente. É muito importante levar em conta os indivíduos em cada parte e como vão se encaixar, além de poder contribuir e garantir que isso funcione para a totalidade envolvida — talvez até construir o novo coletivamente. Quanto mais colaborativo o processo, mais *insights* e perspectivas diferentes podem ser possíveis graças ao fato da interação com outras pessoas. Assim, tendemos a sair da zona de conforto e considerar pontos de vista diferentes.

Milena

Para uma organização garantir que as pessoas estejam abertas para o novo, é essencial uma boa comunicação e transparência, porque, diante de possíveis mudanças, os envolvidos na organização provavelmente desejarão clareza em relação ao que vem por aí. A organização precisa estar disposta a mudanças em primeiro lugar, onde se tenha um ambiente aberto para isso, principalmente para motivar a participação e a cooperação entre as pessoas. Idealmente esse caso pede que a organização se torne também um lugar onde se é possível experimentar e errar, fazendo com que as pessoas possam *cocriar* essas mudanças e se posicionar. As pessoas precisam saber o porquê da mudança e acreditar nela.

O que a abertura para o novo pode trazer a longo prazo?

Milena

Naturalmente, através de uma vida inteira, a mente humana reúne experiências e conhecimentos diversos — onde no passado já aparecem como novidades, enquanto no presente são referências fundamentais no nosso entendimento de eventos que fazem parte do dia a dia. Este é um processo de soma, em que diferentes vivências no contato com o desconhecido proporcionam uma relação entre fatos e acontecimentos, uma dança espontânea de ideias na mente. Com isso, aprender e exercitar coisas novas abre a possibilidade de reconhecê-las como padrões e similaridades facilmente. Pode até tornar mais fácil especular um evento futuro e agir sobre ele — tudo resultante de uma diversidade presente nas experiências. O maior risco seria se estagnar no tempo e não estar atento às demandas que as pessoas que utilizam seu produto ou serviço necessitam, fazendo com que sua concorrência, que está atenta a essas modificações, seja escolhida pelo seu público. Nesse contexto, se abrir para novas ideias, perspectivas e para o novo, ao sair da zona de conforto, pode contribuir para a saúde e até para o valor de um negócio. Em uma situação problema, permanecer em um mesmo ângulo ou em uma metodologia recorrente pode tornar difícil detectar todos os elementos contribuintes de uma dificuldade. Tentar algo diferente ou até original pode facilitar o processo de busca de soluções. Assim, como resultado da globalização, do avanço das tecnologias e das rápidas mudanças e polarizações do mundo atual, é natural que as organizações mudem também, pois novas necessidades e demandas surgem cada vez mais no mercado.

Renata

Mudança organizacional é difícil e requer estratégia, principalmente envolvendo a conexão entre os colaboradores e transparência entre as partes. Tudo isso para encorajar uma abertura flexível na resolução de problemas internos e, potencialmente, melhorias nos processos e dinâmicas ao serem atrelados ao aprender e construir colaborativamente. Uma organização aberta para o novo precisa empoderar seus colaboradores. É necessário o aprendizado e incentivo de seus líderes para que as pessoas se sintam confortáveis para proporem novas ideias, novos caminhos, se tornando agentes e parceiras dessa mudança.

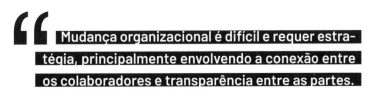

" Mudança organizacional é difícil e requer estratégia, principalmente envolvendo a conexão entre os colaboradores e transparência entre as partes.

CASE: BOOTCAMP CESAR E SBT

O Bootcamp de Inovação do CESAR foi criado para preparar as pessoas e organizações a atuarem de forma colaborativa, através da Cultura da Inovação. Para isso, juntamos três principais ingredientes: as práticas, que se tratam de um conjunto de técnicas e ferramentas de design e negócios inovadores; a mentalidade, que auxilia na criação de um clima que seja favorável à inovação; e, por fim, as competências, que são um conjunto de habilidades formadas através da prática e repetição de métodos inovadores. O Bootcamp de Inovação do CESAR tem atuado diretamente no entendimento da estratégia da organização e na identificação dos desafios e oportunidades ligados à estratégia da empresa, criando um direcionamento para que as pessoas, munidas de todo seu potencial criativo, dêem, de forma colaborativa e diversa, ideias de soluções para desafios e oportunidades de mercado. Isso fortalece a Cultura de Inovação entre as pessoas, apoiada em uma mentalidade para inovar de forma descentralizada e multidisciplinar.

Como foi o processo?

O processo de inovação inicialmente causa um certo estranhamento — as pessoas ficam receosas se aquilo é pra elas. Aqueles que resolvem participar e submeter uma ideia vencem a primeira barreira, a de se abrir ao novo. Durante

4 semanas os participantes do Bootcamp saem da sua zona de conhecimento para imergir no processo de design, e, junto com um time multidisciplinar, validar um problema e gerar uma solução inovadora para ele. Esse processo não é fácil, é preciso trabalhar a ambidestria para garantir que seu trabalho continue com excelência enquanto explora a nova oportunidade.

Resultados obtidos

O objetivo principal do Bootcamp foi conseguir iniciar o cliente a essa abertura ao novo, com um olhar voltado à Cultura de Inovação através de desafios internos da organização ou de novas oportunidades de mercado, validando as ideias dos colaboradores de uma empresa ou com uma chamada aberta para o público externo sugerir soluções.

Resultados do Bootcamp:

- » Trabalho em equipe, cultura de *feedbacks* e processo de escuta;
- » Cultura de Inovação e melhoria contínua;
- » Compreensão da inovação como ferramenta de melhoria para o SBT;
- » Proporcionar aos envolvidos enxergar problemas como oportunidades reais;
- » Transformação de ideias em soluções alinhadas com a necessidade do SBT.

O bootcamp SBT em números:

- » 10 ideias selecionadas para o programa
- » 38% Mulheres / 62% homens
- » +60 pessoas envolvidas
- » 04 localidades: São Paulo, Porto Alegre, Belém e Rio de Janeiro
- » 05 dias de bootcamp
- » +34h de Conteúdo
- » +6 metodologias e experimentações

Por fim, foi um projeto que trouxe rendimento para o SBT, irá melhorar muitos processos dentro da empresa e o mais interessante do Bootcamp é que não temos o dono da ideia - todo mundo se dedicou muito. Todos na primeira reunião se inteiraram e disseram: "Vamos ajudar!".

CAPÍTULO 05

CONHECIMENTO DOS PROCESSOS DE DESIGN

Matheus Vale • Willian Grillo • Yvana Alencastro

As práticas do fazer, ou seja, como historicamente o ser humano foi capaz de criar soluções que moldaram seu estilo de vida, são o foco dos pesquisadores desde o início dos estudos do design como disciplina. Foi a partir desta compreensão que metodologias vêm sendo desenvolvidas e otimizadas. Principalmente a partir da segunda metade do século XX, nossa perspectiva sobre o papel da pessoa de design no processo de criação dentro das organizações se estabelece e se amplia, o tornando cada vez mais pervasivo e necessário para a compreensão e direcionamento das complexas questões da atualidade.

Uma organização design-driven assimila o processo de design como parte de sua cultura corporativa, trazendo valores direcionados ao humano, promovendo um ambiente ativo de trocas e melhoria contínua. Tanto designers e não designers se tornam multiplicadores desses processos.

Neste capítulo, trazemos as vantagens da adoção transversal dos processos de design por organizações e empreendedores para fomentar um modelo de trabalho maduro em que todos são comprometidos a buscar respostas e estimulados a experimentar de forma ágil. Sabemos na prática que devemos errar para aprender rápido e continuamente, junto ao processo de design, para construir os conhecimentos que guiam os acertos do dia a dia, seja na realização de pesquisas, formação de pessoas, criação de novos modelos de negócios, e, até mesmo, no desenvolvimento de soluções robustas e escaláveis.

O QUE SÃO PROCESSOS DE DESIGN?

Matheus

O filósofo Flusser defende que a palavra *design* ocorre em um contexto de astúcias e fraudes — designers são, portanto, conspiradores maliciosos que se dedicam a engendrar armadilhas. Nesta perspectiva, o design parece ser uma lente em que a humanidade visualiza soluções espertas que vão desde a alavanca que engana a gravidade para que possamos levantar grandes pesos, passando pelo cavalo de Troia e chegando às realidades aumentadas que enganam nossos cérebros.

Yvana

Cada desafio de projeto é composto por atores, contextos e necessidades diversas, sendo necessário um estudo para definição dos melhores caminhos para a obtenção dos objetivos esperados. Deste modo, o processo de design deve espelhar as necessidades do projeto, ao mesmo tempo que se estrutura com os melhores métodos e técnicas estudadas na academia e em institutos de inovação.

Grillo

Muitos modelos de processo e *frameworks* já foram formulados. Porém, as tentativas de estabelecer um passo a passo geram frustração, pois o design não lida com desafios constantes. Por isso, um bom processo de design deve ser objetivo, para determinar momentos de decisão, mas flexível para que, ao longo de sua execução, sejam definidos métodos e técnicas a partir dos conhecimentos adquiridos no caminho.

Yvana

O estudo sobre metodologia em design é voltado à otimização e orientação dos processos de projeto e não em torná-los protocolos. Assim, a metodologia guia a busca por gerar dados, alternativas e conhecimentos que orientem as decisões de projeto.

Grillo

Falar sobre processo de design envolve um certo risco. Sempre que aparece a palavra "processo" imediatamente se cria a expectativa de termos algo parecido com uma receita de bolo, com etapas e tempos de execução bem controlados que invariavelmente tem o mesmo resultado — mas não é bem assim no design.

Yvana

Podemos resumir as fases do processo de design em investigação, geração de alternativas, desenvolvimento e implementação. Ao investigar, pesquisadores delimitam o problema e experimentam alternativas de soluções. Ao gerar alternativas, é possível responder a diferentes questões. Quando se desenvolve uma ideia, decisões são tomadas a partir das respostas obtidas. Por fim, ao implementar, há participação como assistentes e auditores da solução.

Matheus

O processo é uma maneira de apoiar designers e não designers a alcançar estados mentais que os parametam, com a malícia e o conhecimento necessários para que possam pensar futuros, identidades e caminhos que vão além do óbvio.

Qual o papel das pessoas de design na aplicação e difusão desses processos?

Matheus

O processo de design não é exclusivo das pessoas de design. Na verdade, resume a maneira como a humanidade tem respondido a boa parte das suas necessidades. Entretanto, o mundo exige respostas cada vez mais rápidas a problemas complexos e esse passo a passo se torna uma tarefa hercúlea. Assim, o papel das pessoas de design é relembrar que é possível encarar a complexidade, desde que estejamos abertos e dispostos a dar passos curtos, a aprender com as rotinas e a nos apaixonar não por receitas que oferecerem soluções mágicas, mas por uma investigação cuidadosa, que nos permita atuar em cenários de constante transformação.

Yvana

O papel das pessoas de design se modificou com a evolução do entendimento sobre quais problemas seriam alvo do processo de design. A princípio, se acreditava que o design era fruto do trabalho da pessoa que criava e desenvolvia determinados tipos de soluções. O design foi estudado e aprimorado, tornando-se uma profissão e uma área de pesquisa. Nesta transição, reduzimos o olhar para a técnica e valorizamos as necessidades das pessoas. A partir de então, a pessoa de design se torna também mediadora e educadora do processo, assim como a equipe e demais participantes são cocriadores da solução.

Grillo

O principal papel das pessoas em uma organização que tem a intenção de caminhar orientada ao design é estarem abertas e dispostas a aprender ao longo do caminho. Estar ciente que não sabemos de tudo quando recebemos o problema, mas confiar que o processo vai nos trazer condições de tomar as melhores decisões. Nos tornamos pessoas diferentes a cada novo conhecimento que adquirimos.

Quanto melhor a investigação que realizamos, melhores resultados iremos alcançar ao fim da jornada.

Matheus

Deixamos de lado o papel de resolver problemas e passamos a oferecer um olhar holístico do cenário onde o problema está inserido, identificando e captando as melhores pessoas para nos apoiar a aprofundar as dificuldades e propor boas ideias.

Por que incluir não designers nos processos de design?

Grillo

Tinker Hatfield era um atleta de salto com vara que se descobriu designer. É dele que tomo emprestado uma das melhores comparações entre design e arte: "*A obra de arte é a autoexpressão do artista para os outros, mas o resultado do design é a expressão dos outros concentrada em um artefato.*" Seja um produto físico, um serviço digital, um processo, a solução é, ou deveria ser, a voz de todas as pessoas que precisam dela.

Yvana

A base de um bom processo de design é a melhor compreensão possível do problema que será destinada uma resposta, incluindo, principalmente, o papel e a perspectiva das pessoas que vivenciam a problemática e as suas relações de causa e efeito.

Matheus

A capacidade de gerenciar informações complexas e o domínio do uso de métodos são características para a conexão e colaboração entre diferentes *stakeholders*, que habilitam o design a se integrar na pesquisa e desenvolvimento de novos produtos e serviços das mais diversas áreas. Ou seja, envolver não designers no processo de design contemporâneo parece ir além do já antigo *"design centrado no usuário"*, mas surge como uma das principais potencialidades da nossa área de atuação.

Grillo

É sempre bom lembrar que o design não se coloca como a única ou a melhor abordagem para resolver um problema e, dentro disso, a essência do bom processo de design começa na colaboração entre diferentes habilidades e pontos de vista — e isso é impossível se tivermos apenas designers envolvidos. E, mesmo quando olhamos apenas para dentro, também é perigoso, e até injusto, concentrar todo o peso da solução de problemas, criatividade e inovação em um grupo específico de pessoas, um departamento ou um silo na organização.

Yvana

Ao direcionar o estudo da problemática ao ser humano, a pessoa de design começou a se aproximar de diferentes perfis profissionais na busca de uma compreensão cada vez melhor do problema estudado, pois esta prática torna a solução mais assertiva. Como afirma Papanek, a equipe de um projeto mediado por um processo de design deve conter uma quantidade mínima de especialistas das diferentes áreas temáticas que circundam a problemática.

Como a inclusão de pessoas não designers na aplicação dos processos de design influencia nos resultados obtidos?

Yvana

Com o passar do tempo, o processo de design foi validado em projetos com problemas cada vez mais complexos, tendo como diferencial equipes multidisciplinares. Estes profissionais de diferentes áreas de formação e vivências somam suas perspectivas sobre a problemática fazendo com que a compreensão do problema pela equipe do projeto se torne mais profunda e, consequentemente, ofereça uma estrutura que guiará melhor o processo de geração de soluções.

Matheus

É preciso pensar na inclusão de especialistas na temática do projeto, sobretudo em ambientes com pouco recursos para pesquisa. O envolvimento de pessoas que possuem uma relação de intimidade com os problemas a serem abordados pelo processo é fundamental para uma melhor imersão no problema e à proposição de ideias que façam sentido para o contexto.

Grillo

Com mais diversidade de pessoas, temos dados mais qualificados, ampliação do leque de possibilidades e decisões mais eficientes e inclusivas.

Matheus

Por exemplo, captar o olhar de uma líder comunitária pode afetar no impacto das soluções de urbanismo pensadas para uma comunidade; gerar ideias em conjunto com os pescadores de uma região litorânea pode afetar a maneira como projetamos uma nova rede de pesca. Sempre que inicio um novo desafio me pergunto: quem são os especialistas neste problema? Quais serão minhas estratégias para envolvê-los?

Grillo

Sob a perspectiva da organização, a partir da participação em processos e desafios fora do seu modelo mental é que as pessoas se sentem seguras e empoderadas a se engajar em desafios cada vez mais complexos. Ter um conjunto de colaboradores dispostos a encarar isso, abertos à experimentação, colaborando entre si e aprendendo muito sobre tudo que fazem, é um ativo indispensável para qualquer organização.

Qual o papel da organização na adoção de processos de design de forma transversal?

Grillo

É um papel fundamental para garantir um ambiente seguro para a utilização desses processos, e especialmente estar aberta a experimentar e aprender com os resultados de experimentos. Uma organização que apenas consegue evoluir a partir de certezas não é terreno fértil para o design e deixa de aprender coisas que certamente seriam muito úteis para inovar em produtos e serviços. Mais do que esperar resultados, a organização precisa estar aberta a aprender com os processos, entender porque algumas coisas dão certo e outras não, e rapidamente corrigir nos ciclos futuros. Essa visão precisa estar bem clara aos envolvidos, para que as pessoas saibam que todos são capazes de ser criativos, inovar e contribuir para solução de problemas.

Yvana

É semear um ambiente de colaboração que propicie a realização, manutenção e entregas de design fomentando a educação e engajamento de todos os colaboradores como realizadores do processo de design. Para tanto, a organização deve buscar compreender a importância das atividades do processo e da composição de equipes multidisciplinares necessárias para o entendimento da problemática de cada projeto, incluindo desde a confecção das propostas para os clientes.

Matheus

Internalizar o design na sua cultura, desenvolvendo mecanismos corporativos para garantir que o processo seja utilizado e respeitado de maneira transversal. O primeiro passo é se perguntar *"como posso adotar na minha realidade? Quais as barreiras para a adoção? Que oportunidades temos para potencializá-los?"*. A partir deste entendimento existem diversos caminhos: a contratação e alo-

73

cação de profissionais de design para cargos de liderança e gestão; a qualificação de profissionais de outras áreas para que se atualizem no modo de fazer design; incentivos à cultura da pesquisa e à inovação baseada na evidência, dentre muitos outros. Cabe a cada organização entender o cenário em que está imersa e definir suas próprias estratégias para um futuro *design-driven*.

Quais os riscos de não se expandir processos de design de forma transversal dentro de uma organização?

Grillo

Uma das características mais evidentes da cultura de uma empresa é a maneira como seus colaboradores resolvem problemas. Desde trocar uma lâmpada até fazer um foguete voltar da lua, tudo tem que seguir uma mentalidade que faz com que as pessoas consigam trabalhar em conjunto, antecipando os movimentos dos seus colegas.

Matheus

Organizações *Design-Driven* precisam trazer em seu cerne o olhar questionador, desafiando cenários de aparente estabilidade e identificando barreiras e oportunidades para a inovação. Ao expandir os processos de design para fora de áreas dedicadas ao design, se percebe uma democratização da construção de novas e boas ideias, uma vez que ao letrar os demais profissionais na cultura de design, eles estão se munindo de ferramentas e metodologias para que identifiquem e aprofundem problemas, e para que desenvolvam boas propostas para lidar com eles.

Grillo

Se a organização tem áreas e pessoas que resolvem dilemas de maneira completamente diferente e imprevisível, fica mais lento o processo de inovação. A abordagem precisa ser expandida para a organização como um todo, inclusive para que ela aprenda a criar os seus próprios processos com base em experimentação e colaboração. Criar um departamento isolado que utilize processos de design sem que todas as camadas estejam envolvidas é meramente ilusório.

> **Organizações Design-Driven precisam trazer em seu cerne o olhar questionador, desafiando cenários de aparente estabilidade e identificando barreiras e oportunidades para a inovação.**

Yvana

Com a ausência do processo de design transversal na organização, a pessoa de design torna-se a única conhecedora do processo. Assim, acaba obtendo pouca colaboração na realização de suas atividades por ter dificuldade de ter engajamento da equipe e pouco espaço para a realização do processo. Neste caso, comumente, a pessoa de design acaba direcionada para atividades de finalização de projeto ao invés de auxiliar nas diretrizes dele.

Matheus

Ainda hoje, não é incomum ver decisões tomadas a partir de achismos e oriundas de diretrizes *top-down*. Parece ser um dos maiores riscos de não se expandir uma visão de design, já que uma empresa que escolhe adotar o design no seu modo de fazer escolhe também adotar soluções que não partem da visão de diretores, mas de evidências encontradas a partir da imersão na realidade de quem está, de fato, atuando na ponta e gerando valor para a companhia.

Qual a importância de aplicar processos de design em uma organização pensando na longevidade de seu negócio?

Matheus

O design é uma maneira potente de imaginar futuros. Em um cenário de transformações rápidas, em que o mercado muda suas necessidades e potencialidades com agilidade cada vez maior, ter o design como uma lente para observar tendências e caminhos possíveis pode ser de grande valia.

Grillo

Tecnologias mudam a todo instante: o que hoje é solução para um problema, amanhã não é mais, pois apareceu uma maneira mais eficiente para entregar o mesmo valor. O uso de processos de design torna a inovação mais preditiva, pois as pessoas passam a pensar em ciclos mais curtos, a correr riscos calculados para mitigar insucessos no futuro e, principalmente, ter a capacidade de aprender e colaborar.

Yvana

Na busca por trazer respostas a questões de um problema, um processo de design direciona seus esforços ao humano e a todo um contexto, o que torna as entregas mais valorosas e, consequentemente, mais assertivas.

Grillo

Uma organização orientada ao design está o tempo todo focada no valor que entrega para seus clientes e todas as pessoas que impacta — e não apenas no produto ou solução que coloca no mercado. Isso faz toda diferença, pois consegue antecipar mudanças críticas em sua estratégia que seriam difíceis de perceber quando está totalmente dedicada a entregar e construir e não a sentir e responder.

Yvana

Soma-se a isto um olhar de pesquisa aplicada que considera parâmetros de um problema real em que coletamos dados e os analisamos para gerar o conhecimento que irá compor as respostas às questões do projeto.

Matheus

O filósofo Bruno Latour afirma que fazer design é quase sempre sobre fazer um redesign. É sobre reimaginar o que já se tem na busca por diminuir as barreiras e potencializar as oportunidades. Portanto, ao trazer uma cultura de design para dentro das organizações, estamos também fazendo um convite para que estas empresas vislumbrem um potencial de futuro, para que imaginem um redesign próprio e que seja possível projetar uma transição, para que esta realidade seja verdadeiramente alcançada.

CASE: NEOENERGIA – CHATBOT E MUITO MAIS

A Neoenergia é uma companhia parte do grupo espanhol Iberdrola. A empresa atua no Brasil desde 1997, sendo atualmente uma das líderes do setor elétrico do país. Presente em 18 estados e no Distrito Federal, seus negócios estão divididos nas áreas de geração, transmissão, distribuição e comercialização. As suas distribuidoras Neoenergia Coelba (BA), Neoenergia Pernambuco (PE), Neoenergia Cosern (RN), Neoenergia Elektro (SP/MS) e Neoenergia Brasília (DF) atendem a mais de 15,9 milhões de clientes - o equivalente a uma população superior a 37 milhões de pessoas.

Em 2019, a Neoenergia procurou o CESAR para entender quais serviços pudessem agregar mais valor para o cliente e para o negócio quando oferecidos por meio de *chatbots*.

Ao longo do projeto foram identificados traços de personalidade desejáveis e evitáveis, que foram transferidos para o fluxo de intenções e respostas do *chatbot*, criando assim um diálogo mais natural capaz de estabelecer um relacionamento duradouro com o usuário interlocutor.

Muito mais do que o resultado, esse projeto teve um impacto muito significativo pela maneira como foi conduzido, utilizando e apresentando processos de design para o cliente e envolvendo um maior número de pessoas ao longo do caminho para entender o problema, desenhar em conjunto as melhores alternativas de solução e validar as hipóteses com quem realmente iria utilizar o produto.

Mesmo sendo um projeto de curta duração, o time do CESAR, composto por cinco designers, envolveu mais de 40 colaboradores da Neoenergia e realizou mais de dez workshops ao longo de todo o processo, dando suporte às etapas desde a delimitação e enquadramento do problema; à descoberta de pontos importantes no relacionamento com o cliente; e operacionalização dos serviços até a tomada de decisão na escolha de atributos fundamentais no desenho do serviço.

A utilização dessa abordagem pelo time de projeto do CESAR ajudou muito a equipe da Neoenergia a descobrir diferentes maneiras de resolver problemas. Foi possível entender melhor as demandas de cada setor da companhia envolvido na entrega do serviço de comunicação com o cliente, aprendendo com as metodologias colaborativas a perceber como sua participação contribui para resultados intermediários e finais nos produtos oferecidos pela companhia.

Esse projeto fez parte de uma série de outros desafios em que o CESAR ajudou a Neoenergia a construir uma cultura orientada ao design através da exposição e participação de seus colaboradores ao longo de todo o processo de execução dos projetos.

CAPÍTULO 06

CULTURA DE EXPERIMENTAÇÃO

Karina Monteiro • Manuel Alves

É fato termos avançado como sociedade no levantamento e uso dos dados. Hoje, enquanto designers, contamos com uma série de ferramentas e recursos que nos possibilitam lidar com esses fragmentos de informação, ou dados, de uma maneira mais dinâmica e até mesmo preditiva. Mas elas não são o suficiente para se analisar o comportamento das pessoas usuárias, já que o comportamento é uma variável inconstante. A pesquisa é sempre o pontapé inicial dessa jornada de análise comportamental. A fase da pesquisa, tanto no espaço do problema, como no espaço da solução, é muitas vezes pouco priorizada no ciclo de desenvolvimento de um artefato. Com isso, se perde a identificação de oportunidades de negócio que, ao passarem pela fase de validação, tanto da viabilidade como da execução de uma ideia de solução, poderiam ser uma solução pioneira, transformando a empresa em líder no seu mercado de atuação ou abrindo horizontes para outros mercados, garantindo a longevidade do negócio — e tudo isso através da experimentação. De acordo com o dicionário Oxford, a experimentação é *"um método científico que, partindo de uma hipótese, consiste na observação e classificação de um fenômeno em condições controladas".* Trabalhar com hipóteses significa ter pouco apego à primeira ideia e acreditar que mais opções levam às melhores escolhas — ou pelo menos eliminam possíveis problemas futuros — e o designer tem um papel fundamental nesse processo.

Os princípios de design são derivados de uma mistura de conhecimentos baseados em teoria e experimentação. Não apenas as pessoas que atuam formalmente com design, mas todas as envolvidas com a criação das hipóteses a serem testadas, e como serão testadas (ou seja, experimentação), costumam ter em sua essência um olhar crítico e investigativo, sabendo criar cenários que proporcionem a geração de dados tanto qualitativos como quantitativos. Também criam soluções para problemas que foram descobertos por meio dos dados e *insights* comportamentais, além de resiliência e visão holística através de pensamento sistêmico. Os princípios e leis do UX design apoiam todas essas descobertas e ajudam a refletir durante o projeto de experiência de usuário. A base do princípio de UX design é que as pessoas costumam ter comportamentos muito próximos em contextos semelhantes. Com isso, foram identificados padrões e costumes para que o produto consiga atender a maior parte das expectativas de um usuário quando se pensa em usabilidade. São princípios racionais que, em uma análise holística do sistema, precisam se somar aos fatores emocionais e contextuais. A interação emocional se concentra na forma como sentimos e reagimos ao interagir com as tecnologias, sejam via produto ou serviço. Ela abrange diferentes aspectos da experiência do usuário, desde como sentimos quando descobrimos pela primeira vez um novo produto até quando nos livramos dele. Ela também trata dos motivos que levam as pessoas a se tornarem emocionalmente ligadas a certos produtos. Devemos ter em mente que, dependendo da realidade de uma organização, trazer a experimentação para a cultura dela, ou para um produto ou projeto, pode inicialmente gerar alguns desconfortos e resistências, tanto por parte de um cliente como pelo próprio time. Nesse contexto, a pessoa designer não deve ser apenas uma mediadora, mas também um catequizadora de processos, podendo — e devendo — ao menos levar possibilidades em reuniões de negócios ou de validação. Cabe ao designer tentar capturar a essência da experiência humana, descrevendo-a em termos holísticos e metafóricos, que compreendem o equilíbrio do sensual, cerebral e emocional, como abordam Rogers, Sharp e Preece em seu livro *Design de Interação*. Para isso, é fundamental compreender o contexto em que o problema está inserido, obter *feedback*s da equipe que está com problemas e envolver essas pessoas no processo de mapeamento para uma geração de insights mais eficazes. Nas próximas páginas, veremos o quão relevante é o processo de experimentação para designers, time de desenvolvimento, empresa de tecnologia e para a vida do próprio cliente.

O QUE É EXPERIMENTAÇÃO?

Manuel

A experimentação passou a significar levar as hipóteses acerca do produto ou serviço e transformar esses pontos em validações através do uso do design como recurso facilitador entre o projeto e o cliente. Paulo Floriano aborda que experimentar implica não apenas em atuar de maneira estruturada e objetiva, mas também reconhecer e incorporar as incertezas, que são inerentes às nossas ideias e projetos, ao nosso processo de trabalho. Isso pode aproximar o time na criação de valor real para o negócio, eliminando também riscos de uma implementação algumas vezes sem uma linha de código. Também é muito importante entender que um sistema, por menos complexo que seja, deve respeitar todo aquele nicho que vai utilizá-lo, e que, de maneira alguma, deve ser enviesado, tanto pelo time de desenvolvimento como por um único integrante do lado do cliente que acredita deter todo o conhecimento acerca do consumidor final que vai utilizar o produto.

Karina

A experimentação é a base dos métodos científicos que permite explorar possibilidades de forma sistemática. Ao observarmos o mundo, formulamos hipóteses para explicar um fenômeno, planejamos um experimento para testar a hipótese e definimos os indicadores para avaliar se o experimento foi bem-sucedido. As organizações que determinam os próximos passos de uma evolução tecnológica são essencialmente as que valorizam a ciência dos testes e têm a experimentação como cerne, para se manterem competitivas e atingir a liderança de um mercado. Foi com esses valores que empresas hoje chamadas *big techs* conseguiram tamanho sucesso e liderança de mercado. Mas um dia essas grandes empresas já foram "empresas de garagem", ou ainda, *startups*, que se alimentavam de novas descobertas tecnológicas, e hoje, com suas especializações, são protagonistas em inovações que alimentam outras empresas, muitas vezes menores, em uma cadeia que forma um **ecossistema de inovação**. Uma empresa não pode se ver como membro de um único setor, mas como parte de um ecossistema de negócios, que permeia vários setores, em que as empresas coevoluem em um ciclo recíproco infinito e trabalham cooperativa e competitivamente. Nesse processo, alterações na essência da "empresa A" pavimentam um cenário de mudanças na "empresa B" e vice-versa. Portanto, a inovação só é atingida através da experimentação, e assim as tecnologias evoluem.

> " Experimentar implica não apenas em atuar de maneira estruturada e objetiva, mas também reconhecer e incorporar as incertezas...

83

Como a experimentação pode fazer parte dos processos sem prejudicar o bom andamento das entregas?

Manuel

O que pode prejudicar bastante o andamento do time é a cultura da urgência. Temos uma "alta cúpula" do lado do cliente que negocia com a "alta cúpula" do lado da empresa de tecnologia: prazos são criados, um time não é consultado e a entrega de "telas" precisa ocorrer, independente do grau de esforço da equipe - e das horas extras, também. No processo de criação de um produto/serviço, ter conhecimento técnico de programas e trabalho em equipe são itens fundamentais para o processo de desenvolvimento de um artefato. Entretanto, existe um elemento tão importante quanto os citados e que muitas vezes é deixado de lado no decorrer de um ciclo projetual: a pesquisa. Ela pode e deve estar aliada à experimentação. Mapear problemas, levantar hipóteses e se utilizar das diferentes ferramentas que os processos de design oferecem podem auxiliar a equipe a focar na resolução de um problema ou priorizar o que é realmente necessário para cada sprint que surge.

Karina

Pesquisas possibilitam a experimentação através de ciclos de iteração de aprendizados que nos permitem identificar o que realmente entrega valor ao usuário e a priorizar. Isso vale para um futuro próximo ou longínquo, resultando em diferentes frentes de atuação, seja para resolver um problema imediato ou até buscar uma disrupção e novas formas de receita para o futuro. Ao falar de inovação podemos trabalhar com três horizontes ao definirmos os valores que gostaríamos de agregar ao produto ou serviço. São eles:

H1 | **Curto prazo:** Entregas imediatas para garantir a sobrevivência do negócio principal.

H2 | **Médio prazo:** Entregas que buscam a evolução do negócio agregando novos valores, aprimorando o produto ou serviço.

H3 | **Longo prazo:** Atingir o pioneirismo considerando as possíveis transformações pelas quais o setor e o mercado passarão.

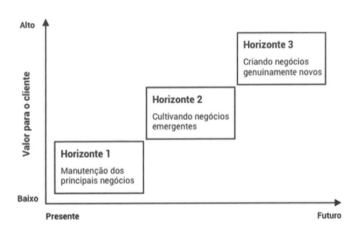

Figura 1 Fonte da imagem: O framework estratégico: 3 Horizontes de Inovação - Vida de Produto

A experimentação deve fazer parte de processos em empresas que querem se manter no mercado. Portanto, com o planejamento correto e objetivos bem definidos, um projeto só tem a ganhar ao cultivar a experimentação, pois se consegue olhar não somente para o hoje, mas também para o amanhã - e o depois de amanhã.

Existe uma ligação da experimentação com o engajamento das pessoas?

Manuel

A pessoa que mediará as dinâmicas de um processo de experimentação, normalmente tem formação em Design ou em Produto. Isso é importante pois podemos encontrar barreiras dentro do próprio time de desenvolvimento de um projeto. Se o time não está engajado, a probabilidade do cliente aderir à experimentação é ainda menor. Algumas metodologias e ferramentas de design podem ser um recurso facilitador da experimentação. O *Design Thinking* é uma delas. É um método que uso no meu dia a dia de trabalho pois permite não só um entendimento empático do contexto, através da pesquisa, mas também do contato com o usuário.

Karina

Quando a experimentação faz parte da cultura da empresa, sendo disseminada para todos os colaboradores em um ambiente que permite a autonomia, se cria um incentivo para que eles questionem mais, se tornem mais inventivos e engajados, e proponham novas soluções para novos e antigos problemas. No laboratório de inovação do CESAR, buscamos a autonomia e incentivar a experimentação. Fica muito claro o quanto cada colaborador se sente parte do negócio em que está atuando. Em nossos projetos, explicamos como funciona nossa metodologia e isso gera expectativas positivas, engajando também o cliente, o que faz do resultado do projeto um sucesso.

O que é necessário para garantir que as pessoas se sintam seguras para realizar experiências?

Manuel

A segurança do designer como mediador do experimento e do próprio time, que acredita que renderá resultados. Muitas vezes os times que encabeçam projetos podem ficar confusos quanto à relevância não apenas do experimento mas do próprio resultado validado. No artigo "Um conceito simples e poderoso de MVP - Mininum Viable Product", de Paulo Floriano, é mostrado que dificilmente o cliente vai avaliar o protótipo como solução para um problema — ele vai avaliar se a experiência está adequada ao que ele precisa. Não estamos falando em telas bonitas, mas em experiência: pensar mais na entrega de valor ao cliente, sem estar preso na complexidade de execução.

Karina

A experimentação e a inovação não devem se ater a uma área ou departamento específicos. Ela deve coexistir em cada um dos projetos da empresa. Possibilitar a autonomia dos colaboradores e cultivar um espaço para mudanças é essencial para que haja uma sensação maior de segurança nas pessoas para atuar em experimentações. Quando uma hipótese é invalidada e se descobre que o MVP em construção estava em um caminho tortuoso, é menos um caminho a se seguir, diminuindo o risco da incerteza. Não pode ser um erro julgável: o projeto foi concebido como um experimento - e não uma solução final. Difundir a cultura da experimentação é necessário para que as pessoas se sintam seguras psicologicamente.

Qual o papel da organização na cultura de experimentação?

Manuel

A partir do momento que uma empresa passa a ver seus entregáveis não como telas, mas sim como fluxos e valor para o usuário, é meio caminho andado para a cultura da experimentação. Afinal, não só o cliente, mas o próprio time de desenvolvimento pode cair em um erro bem comum e comprometer a entrega: o viés cognitivo. Acesso limitado à informação, leitura parcial de dados, falta de contexto, entre outros fatores, podem distorcer a maneira como um projeto é criado. Tentar falar pelo usuário e acreditar que apenas sua linha de pensamento é a correta pode não ser interessante para um projeto. A pesquisa é a chave para a quebra dos vieses.

Karina

É necessário que a empresa defina ciclos de experimentação, proporcione um ambiente colaborativo, facilite o acesso a dados, garanta que todas as vozes sejam ouvidas, conscientize seus colaboradores sobre a necessidade de se envolverem nos projetos e levantarem ideias, e deixe claro que o ritmo de mudanças e novidades nos projetos será mais intenso. É necessário estruturar um processo, mas não existe uma receita pronta. Começar aos poucos, inicialmente solicitando aos times da empresa que apliquem uma trilha de experimentação em seus projetos, é uma boa sugestão. Dependendo do desafio do time, ele pode se utilizar da metodologia *HDD (Hypothesis-Driven Development)*, dentro da metodologia ágil *Triple Track Agile*, por exemplo. O importante é ter em mente sempre o conceito *Build-Measure-Learn-Loop*, apresentado no livro *Lean Startup*, de Eric Ries.

Existe futuro para uma organização que não tem espaço para a experimentação?

Manuel

Para cada organização que não tem espaço para a experimentação, haverá um cliente que também pensa da mesma forma. Mas se esse produto ou serviço será ideal para quem realmente vai consumir, já é outra história. Empresas assim focam tanto nos processos técnicos, por vezes enviesados, que acabam esquecendo do principal objetivo: proporcionar uma experiência de uso positiva e inovadora. Ao longo das perguntas anteriores, ficou claro que sou entusiasta da pesquisa em UX como recurso facilitador da experimentação e o consequente mapeamento de dores e possíveis *insights*. O método científico aplicado à UX é crucial para validar hipóteses. Não cabe aqui se basear apenas em achismos ou opiniões não validadas. Fica o questionamento: ainda vale a pena não dar espaço à experimentação e confiar 100% na visão de um ou dois usuários que muitas vezes colocam um olhar enviesado no fluxo de um produto ou serviço?

Karina

Nesse mundo competitivo em que vivemos, em que as empresas inovadoras são as que conseguem se manter por mais tempo, ainda encontramos quem não priorize a importância de se ter recursos para experimentação visando inovar e se reinventar. Sem um processo estruturado para experimentação, com a inovação visando somente o hoje e sua atividade-fim, as empresas podem ficar obsoletas e serem engolidas pela concorrência. Quando pessoas em cargos de gestão e liderança veem os testes com desconfiança, elas acabam barrando esforços de outras pessoas que buscam fortalecer a cultura da experimentação. Portanto, pessoas na liderança são peças-chave no fortalecimento dessa cultura, já que são elas que fornecem os recursos necessários para as experimentações.

Qual a importância de ter uma cultura forte de experimentação pensando no futuro de uma organização?

Manuel

A cultura da experimentação pode ser extremamente útil para eliminar produtos ou serviços enviesados, pois dá margem para ouvir usuários reais, encontrar pontos de dor, possíveis melhorias e validar hipóteses. Mas o que é uma hipótese? São suposições do porquê uma situação acontece ou de como um problema poderá ser resolvido. Não são perguntas de pesquisa, mas premissas a serem validadas através da experimentação. Aqui estão algumas perguntas extraídas do artigo "Design, Hipótese e Experimentação", de Leandro Lima, que podem auxiliar a equipe na hora de criar uma hipótese:

- » *Qual é o problema que está sendo resolvido?*
- » *Qual é o benefício para o usuário de ter este problema resolvido?*
- » *Qual é o benefício para o produto em resolver este problema?*
- » *Qual é a solução proposta?*
- » *Como vamos medir o sucesso do projeto?*
- » *Que evidências você possui para sustentar esta hipótese (pesquisa, observação)?*

São pontos importantes pois auxiliam no real mapeamento das necessidades do usuário e não apenas em achismos e vieses.

Karina

A cultura de uma empresa é a sua essência e deve exprimir os valores em que acredita. Para se tornar uma cultura forte, deve ser compartilhada e vivenciada com todos colaboradores e clientes. Ela pode até idealizar um perfil de colaborador e influenciar contratações e desligamentos de forma que todos também acreditem nos valores da organização, garantindo maior sintonia entre eles e maior engajamento. Quando a organização tem como um de seus valores a experimentação, ela também deve compartilhar que cenários de incertezas são terrenos férteis para novas oportunidades de negócio, e que os colaboradores devem ser destemidos em suas buscas pela validação de suas hipóteses. Com isso, se pavimenta um cenário propício para iniciar a estratégia de se antecipar ao futuro, olhando para os horizontes de inovação, abrindo espaço para trabalhar em cima de possibilidades de negócios futuros e inovar em tecnologia ou negócios, despontando em relação a seus concorrentes.

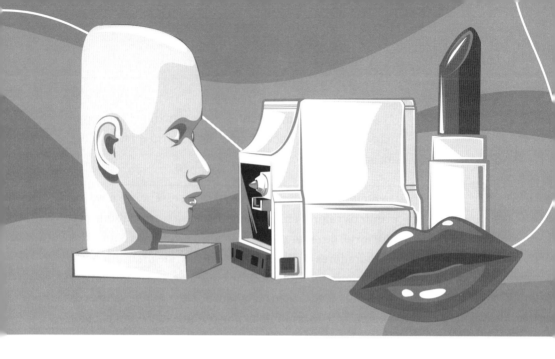

CASE: BATOM INTELIGENTE BOTICÁRIO - INTELIGÊNCIA ARTIFICIAL PARA UMA BELEZA INCLUSIVA

Um produto ou serviço deve proporcionar a melhor experiência possível, sem gerar frustração, dificuldade de uso ou exclusão de algum indivíduo. Tendo isso em mente, o Grupo Boticário trouxe ao CESAR a proposta de ampliar a diversidade e inclusão no setor dos itens de beleza. O objetivo era traçar estratégias pertinentes e desenvolver uma solução mais apropriada para um público em potencial: pessoas com deficiência visual e motora, e as que possuem restrições nos membros superiores.

A ideia do batom inteligente como solução para esse problema surgiu no *CESAR Summer Job*, uma jornada de inovação aberta que conecta talentos universitários a empresas e seus desafios estratégicos, em que os alunos desenvolveram a proposta de uma inteligência artificial capaz de diferenciar a pele do rosto da pele dos lábios, possibilitando a aplicação de batom automaticamente e sem borrar. Para obter esse resultado, foi necessária a realização de muitas experimentações. Por exemplo: o tipo de pigmento que mais se adequaria ao projeto do dispositivo inteligente. O time de estudantes realizou pesquisas sobre técnicas de aplicação de tinta na derme, envolvendo o estudo de impressoras de tinta em pele.

No processo de pesquisa, os participantes identificaram a existência de diferentes tipos de pele e de texturas, como a pele masculina, a pele madura, as dermes com marcas e cicatrizes, e os lábios com contornos e texturas diferentes. Todas essas variáveis precisavam ser levadas em consideração no desenvolvimento da IA para que o artefato pudesse atender os diferentes tipos de pessoas, assim como suas diferentes dificuldades. Para esse entendimento de uso, 263 mulheres de diferentes idades foram entrevistadas para levantamento de dores, mapeamento de necessidades, gerando assim a compreensão das causas e efeitos. Após essa fase, o grupo de estudantes conseguiu identificar uma possível solução para a diferenciação da derme da pele para a do lábio, por meio do método de processamento de imagem em inteligência artificial. A tecnologia foi dotada de algoritmos capazes de delimitar o contorno do lábio e fazer o reconhecimento de forma mais apurada, enviando coordenadas para aplicação do produto. O artefato ainda contou com indicações sonoras para sinalizar o início e final da aplicação, dando o *feedback* necessário para os usuários, auxiliando também no posicionamento do rosto e um display inteligente. Somado a isso, os estudantes também decidiram criar uma aplicação que, além de fazer análise da pele dos usuários, também faria o reconhecimento labial e uma análise da saúde da pele. O CESAR evoluiu o protótipo e um time de desenvolvedores do CESAR aprimorou a solução: estudando o estado da arte da ciência e da engenharia e fazendo a avaliação da viabilidade técnica e comercial do dispositivo, seguido do desenvolvimento contínuo de protótipos do produto. Assim, para identificar alternativas de melhorias e integração da IA com um dispositivo IOT que permitisse identificar e medir a aplicação do batom em um lábio de um manequim de forma automática, foi criado o primeiro protótipo funcional do dispositivo.

Os próximos passos do projeto têm o objetivo de intensificar os estudos de usabilidade, envolvendo experimentações que considerem também os fatores humanos no uso do dispositivo, para, junto com outros esforços de experimentação futuros, se tornar o primeiro batom inteligente do Brasil.

A pesquisa e o uso de metodologia foram cruciais para a construção do experimento, via mapeamento, desenho da experiência, clusterização de dados e contato direto com os usuários, para entregar valor para o cliente, ao negócio e, acima de tudo, para o usuário final. A maior razão pela qual a experiência do usuário deve sempre importar é porque importa aos seus usuários.

CAPÍTULO 07

ORIENTAÇÃO PARA A AUTONOMIA

Gabi Santos • Rocky Melo • Thayssa Lacerda

No desenvolvimento de projetos, podemos falar de autonomia em diversos níveis. Desde a perspectiva da liberdade dada em contrato com o clientes e parceiros, até a autonomia das pessoas dentro de times multidisciplinares (designers, desenvolvedores, analistas de qualidade e outros perfis). É possível falar das tomadas de ações do dia a dia ou da escolha e utilização de processos, *frameworks* e tecnologias. Pode-se ainda explorar a orientação para autonomia na cultura das organizações de forma mais geral, considerando por exemplo o quanto as lideranças da instituição favorecem a participação das pessoas, permitindo experimentação e aprendizado, garantindo que elas se desenvolvam em suas carreiras, assumindo riscos com confiança e apoio.

Antes de seguir, vamos olhar com um pouco mais de atenção sobre a relação entre design e autonomia. Segundo Flusser, filósofo e escritor, ao analisarmos a palavra *design*, em inglês, ela funciona tanto como substantivo quanto verbo. Sendo substantivo, entre outras coisas, pode significar "plano" ou "intenção". Já como verbo, pode significar "projetar", "proceder de modo estratégico". Se observarmos a essência do design de solucionar problemas e juntarmos à definição de autonomia, como a capacidade de atuar de forma independente para identificar problemas e conceber ações e soluções, veremos como design e autonomia se relacionam bastante. Dentro dos vários aspectos em que o design pode atuar para resolver problemas, é imprescindível atuar com liberdade para questionar, buscar informações, envolver pessoas e experimentar soluções. Em suma, não existe processo de design que traga resultados inovadores se designers não tiverem espaço para atuar com autonomia, juntamente com a colaboração dos times. Falando de colaboração entre pessoas e autonomia, é importante rever a ideia de que autonomia é a liberdade para fazer sozinho o que desejar. O mito do "eu consigo sozinho", segundo a pesquisadora Brené Brown, fala da crença que muitas pessoas possuem de que não precisam de ninguém para fazer o que necessita ser feito — e como isso é uma grande armadilha. Ela reforça a necessidade humana de vínculo e a capacidade coletiva de planejar, nos comunicar e trabalhar em grupo. O ser humano aceita melhor a interdependência do que a independência, segundo a pesquisadora. Há líderes, que por acreditarem no mito do "eu consigo sozinho", consideram que ter um time com iniciativa para tomar decisões trará desalinhamento e falta de resultados. Uma vez que existam alinhamentos sobre os propósitos e objetivo de onde se quer chegar, empoderar o time para a tomada de decisão com base em informações compartilhadas trará pessoas mais engajadas, um time mais unido e melhores resultados. A autonomia é uma ferramenta de estratégia para descentralização de tomada de decisões e cria mais engajamento entre os envolvidos nas atividades. Este engajamento acontece pois as pessoas compreendem mais sobre a importância e relevância de seus papéis, ficando mais motivadas em realizá-las.

No trabalho das equipes, não se deve pensar que os times nascem naturalmente com total autonomia — é algo construído. Existe uma grande importância de que bons líderes incentivem os seus times a compreenderem mais sobre suas atividades e o impacto delas, para assim não terem o conhecimento de todo o projeto focado apenas em pessoas de determinados papéis, relacionados à gestão ou design, mas que sejam responsabilidades compartilhadas. Quando se tem um time diverso, cada um com suas expertises, existe uma troca maior de informações sobre o que pode ser percebido entre os membros, e esses momentos para troca podem ser frequentes, principalmente se todos têm o poder de opinar e trazer sua visão sobre o que melhor deve ser feito. Tendo espaço para colaboração, os integrantes enxergam suas trocas de experiências como oportunidades para se expressarem e trazer seu ponto de vista sobre o que deve ser feito. Assim, ficam mais motivados a realizar suas atividades e atingirem seus objetivos.

Olhando mais a fundo sobre o nível da cultura institucional, a centralização de decisões apenas por posição hierárquica, ou cargo que as pessoas ocupam, pode implicar em uma cultura organizacional com uma visão enviesada e monopolista, que não condiz com resultados inovadores. No nível organizacional, os objetivos e estratégias da empresa devem ser definidos e compartilhados com o maior número de colaboradores, para que todos consigam se sentir parte desse plano e engajados em seus projetos e equipes para realizar rotinas que levem aos resultados esperados. No CESAR, por exemplo, o planejamento estratégico costuma ser feito com grupos multidisciplinares da instituição e conduzido por designers, com processos de *design thinking*. Fazemos, assim, uso dos mesmos métodos e processos utilizados com autonomia para clientes e parceiros gerando o planejamento da própria organização. Instituições inovadoras reúnem pessoas que se identificam com o propósito da instituição e que possuem voz nos principais desafios que precisam ser ultrapassados por elas.

QUAL A RELAÇÃO DO DESIGN COM A AUTONOMIA?

Gabi

Fazem parte das abordagens de design os exercícios constantes de divergir e convergir, investigar e propor, projetar e validar. Entender o problema das pessoas e dos seus contextos e escolher soluções. Esse caminho, guiado pelo design, tem mais chances de levar a bons resultados quando existe espaço para que o pensamento de design possa ser usado de forma autônoma no processo. Ser *design-driven* exige abertura para que a disciplina de design seja aplicada com autonomia pelos designers, e usada para que, a partir de um contexto com diferentes informações, seja possível tomar decisões. O design está diretamente ligado à autonomia. Desde o propósito de convergir e tomar decisões, considerando um universo de informações, até a autonomia necessária para a execução de projetos, seja na escolha de abordagens, ferramentas e técnicas. O design trabalha com o envolvimento de pessoas usuárias, especialistas, *stakeholders*, e dá voz e poder de decisão para eles.

Rocky

Dentro das etapas e processos de design, busca-se entender sobre as motivações de quem vai se utilizar e como vai ser utilizado um produto que está sendo projetado. Este olhar torna a pessoa designer como alguém que enxerga propósito e impacto nas atividades que lhe são designadas — seja para planejar um roteiro de pesquisa, desenhar uma interação ou apresentar os requisitos ao time de desenvolvimento. A clareza dos porquês de sua atuação impulsionam a autonomia para que possam propor novas soluções. Tendo isto em mente, existem várias propostas de *frameworks* e *workshops* conduzidas pelo time de design para trazer de clientes a integrantes do time de desenvolvimento para colaborar, disseminando o conhecimento adquirido pelos designers e receber os *insights* dos clientes e time com o objetivo de obter uma pluralidade de entendimentos e pontos de vista. Isso é feito para que todos compreendam que as decisões foram tomadas de forma colaborativa para a criação de soluções.

Thayssa

Dentre as várias camadas de atuação do design, há alguns aspectos que permeiam todas elas, como mediar e ser ponte para promover colaboração e multidisciplinaridade. Para que esses aspectos funcionem de forma efetiva e cumpram seu papel de desenvolver soluções para problemas identificados, considerando sempre a visão das pessoas envolvidas, dar autonomia aos participantes, durante as trocas de informação, experiência e expertise de cada área, é essencial.

Qual o impacto de ter times autônomos dentro de um projeto?

Gabi

Na realidade dos projetos ágeis, com contexto de planejamento contínuo e adaptação a frequentes mudanças, contar com times autônomos impacta diretamente em entregas mais alinhadas. Quando os objetivos do projeto são claros e as pessoas têm espaço para atuar, como especialistas que são em suas áreas, se estabelece também uma grande relação de confiança entre o time e quem solicitou o projeto. Em alguns projetos que atuei no CESAR muitas vezes essa abertura fez com que o projeto ultrapassasse as expectativas e o time encontrasse novas oportunidades que o próprio cliente ainda não tinha conhecimento. Acontece, por exemplo, de chegar uma grande *feature* prioritária no *roadmap*, uma grande ideia, e em poucas iniciativas o time identificar que o suposto problema dos usuários que seria resolvido não existia de fato — ou pelo menos não na gravidade que o cliente imaginava. Dessa forma, a solução sofre ajustes para atender melhor a necessidade ou mesmo essa ideia acaba não sendo prioridade em função de outras necessidades mais latentes e que vão trazer mais ganhos. Se o time não tiver autonomia nesse percurso, esses ajustes simplesmente podem não acontecer. A autonomia gera oportunidades para o time atuar gerando mais comprometimento e, consequentemente, mais impacto no resultado final.

Rocky

A criação das melhores soluções muitas vezes vem como um mix de olhares de várias pessoas e não só de quem conduziu uma entrevista com o usuário, por exemplo. A possibilidade de colaboração tira o peso do mito do "Deusigner", criador onisciente, ou de que apenas designers são criativos e que essa criatividade é algo inato de quem está nesta função — quando é muito mais sobre transpiração que inspiração. As criações vêm de processos para compreender as necessidades de quem vai usar a solução e tentar encaixar o que pode ser tecnicamente feito, o quanto pode ser gasto e a melhor maneira de se fazer isto. Descentralizar as decisões de um cargo, dar liberdade para os integrantes do time conhecerem mais sobre o projeto em que trabalham, e colaborarem com mais propostas para soluções, retira o peso de uma única função ter ciência de tudo o que acontece, além de impulsionar a inovação com uma pluralidade de pontos de vistas.

Espaço para autonomia passa uma mensagem muito clara a um time: a organização tem confiança nos resultados, acredita no potencial das pessoas e estimula o desenvolvimento delas. Times autônomos têm espaço de experimentação, atividade obrigatória quando falamos em inovação. Além disso, a autonomia estimula senso de responsabilidade do time, tanto sobre decisões tomadas, quanto sobre o protagonismo no desenvolvimento profissional individual das pessoas. Para que isso se concretize é preciso que haja um ambiente propício, que dê suporte e mentoria, que tenha gestão de riscos e comunicação clara.

Como garantir autonomia e manter boas entregas?

Gabi

Há um receio que coloca a autonomia como uma possível razão para a falta de alinhamento entre as pessoas: o desconhecimento de quais são os objetivos a serem alcançados e, consequentemente, entregas abaixo das expectativas. Times autônomos não podem deixar de valorizar a interação entre os indivíduos, pessoas integrantes, *stakeholders* e pessoas usuárias da solução. Um time pode ser autônomo para decidir quais métodos e ferramentas utilizar, ou definir o que pode ser priorizado com base nas investigações realizadas, por exemplo. Mas esse mesmo time não pode desconsiderar o alinhamento dessas decisões, seja para conseguir validação, apenas sinalizar status de evolução ou garantir mais contexto para os demais. Nos projetos do CESAR é frequente mantermos a relação de parceria com os clientes e isso garante que consigamos realizar iterações com alinhamento frequente e entregas de qualidade.

Rocky

Autonomia não significa trabalhar só e não depender de uma liderança. Autonomia diz respeito a como os times podem colaborar para opinar sobre melhores maneiras de trabalhar e solucionar problemas. A colaboração por meio de revisões de atividades é prática recorrente para se confirmar e alinhar os entendimentos de problemas e soluções entre os integrantes de diferentes funções, mantendo a qualidade das entregas.

Existe uma ligação da autonomia com o engajamento das pessoas?

Gabi

Pessoas se tornam engajadas no trabalho quando estão envolvidas e comprometidas com a empresa ou projeto, pois se identificam com os valores e objetivos, se sentem valorizadas e satisfeitas. A pandemia de Covid-19 apenas acelerou um processo que já vinha acontecendo, das pessoas mudarem sua relação com o trabalho. Para muitos não é mais necessário estar no trabalho, ir para a empresa, e isso além de criar uma outra relação entre trabalhadores e organizações também nos faz repensar como as pessoas criam conexões e se sentem motivadas hoje em dia. Uma vez que o espaço físico não é mais uma exigência, se sentir parte da empresa está muito mais relacionado à forma como elas conseguem atuar nessas organizações. As pessoas esperam mais do que apenas oferecer seu tempo em troca de um salário. Esperam colaboração e protagonismo. Esperam que a organização ofereça condições que permitam que elas estejam no comando de suas ações, se sentindo mais engajadas e autônomas à medida que adquirem mais experiência profissional e tomam iniciativas com mais segurança.

> **Um ambiente profissional que encoraja a autonomia promove confiança mútua entre os colaboradores, além de segurança para a experimentação.**

Rocky

Decisões *top-down* desencorajam times a serem curiosos a buscarem entender porquês e impactos do que foi definido que deve ser desenvolvido. Dar liberdade para que o time conheça mais sobre o projeto e impulsionar momentos para trocar opiniões e dúvidas que possam ter os motiva para que sempre estejam colaborando para a evolução de como se engajam para trabalhar, produzir e criar soluções.

Thayssa

Um ambiente profissional que encoraja a autonomia promove confiança mútua entre os colaboradores, além de segurança para a experimentação. Dessa forma, podemos explorar melhor o potencial do time. Quanto mais autônomo é um time, mais propriedade se tem em cima do que está sendo construído e, consequentemente, responsabilidade e engajamento. Imagine um cenário hipotético em que uma demanda chega de um diretor da área de TI, já com a solução definida e sem espaço para mudanças. O designer que irá atender essa demanda, por conhecer bastante do contexto do produto ou serviço, e dos clientes que irão utilizar aquela solução, entende que talvez a solução proposta pelo diretor provavelmente não irá agregar valor. Neste cenário, a falta de autonomia resulta na falta de espaço para explorar o problema a ser solucionado, falta de confiança ou atenção à expertise do colaborador, em que demandas são baseadas em decisões *top-down* e não consideram a multidisciplinaridade do time em questão. Esse não me parece um ambiente que estimula engajamento e crescimento profissional.

Como garantir autonomia e manter um time unido?

Gabi

Ter autonomia não significa andar sempre sozinho. Um time se mantém unido quando as pessoas sabem que podem confiar umas nas outras, podem questionar umas às outras, podem tomar decisões juntas e compartilhar alegrias e dificuldades. Os integrantes de um time possuem seus respectivos papéis e responsabilidades que precisam estar muito claros. É o famoso lema "dividir para conquistar". Mas precisa haver espaço para que alguma porcentagem menor dessas responsabilidades possa ser compartilhada com todo o time coletivamente. Isso une o time em um ambiente de responsabilidade coletiva em que os resultados esperados só são atingidos com o comprometimento de todos. Para ter um time unido não deve haver receios de questionar, realizar conflitos saudáveis e apontar atitudes contraproducentes para o sucesso da equipe.

 Ter autonomia não significa andar sempre sozinho.

Rocky

É preciso entender a autonomia como um valor de estratégia para a inovação. Indivíduos precisam de motivações. Entender quais são os impactos gerados por suas atividades é essencial para mantê-los engajados, principalmente que sejam mostrados os resultados alcançados, e que se exalte a união do time para que compreendam que o compartilhamento de diferentes indivíduos traz soluções melhores do que pensar sozinho. Por exemplo: trazer um comentário de um usuário ou cliente sobre uma funcionalidade que foi lançada, como tem ajudado eles, e agradecer ao time pelo esforço e empenho na solução desenvolvida por todos.

Thayssa

Para exercer autonomia dentro do contexto de trabalho em inovação, deve existir, dentre outras coisas, segurança e espaço para experimentação.

Qual o papel da organização em construir e manter um time autônomo?

Gabi

As organizações precisam incentivar a capacidade das pessoas serem protagonistas e assumirem riscos sem que elas tenham o receio de que serão de alguma forma punidas caso algo não saia como esperado. A cultura da organização e a atuação e apoio das lideranças têm um papel fundamental nisso. Sua instituição escuta os colaboradores? Dá oportunidades para que eles assumam novos desafios com orientação e apoio? Os integrantes dos projetos possuem acesso às estratégias almejadas e possuem poder de voz, ou apenas executam ações definidas por seus líderes e superiores? Essas são algumas das perguntas para refletir sobre o quanto uma organização possui uma cultura orientada à autonomia. No CESAR temos algumas iniciativas institucionais criadas e coordenadas por grupos de colaboradores de diferentes perfis. Desde eventos para compartilhar conhecimento e fortalecer a comunidade, a programas de mentorias e comitês para diferentes ações, a instituição abre espaços que também se refletem na atuação dessas pessoas nos seus times de projeto.

Rocky

É essencial considerar a importância dos líderes para a construção da autonomia de times. Sendo a autonomia um valor da organização, é importante que ela escolha e capacite bons líderes para que seus times sejam treinados e incentivados a alcançar a plena autonomia. Um bom líder coordena equipes para que tenham domínio do propósito de suas atividades e sejam engajados nas propostas de soluções. Um bom líder demonstra a confiança que tem no time. É esperado que os processos fluam e os objetivos sejam alcançados para que o time tenha descoberto como operar sem grandes interferências.

Quais os riscos para o futuro de uma organização não ter times autônomos?

Gabi

O futuro de uma organização está sempre se modificando. Garantir um bom futuro nesse contexto requer um trabalho constante de aprendizado. Tem que ser *lifelong learning*, se usarmos um termo em alta. Não ter times autônomos impacta negativamente a capacidade de gerar engajamento, de assumir riscos calculados, de corrigir os erros e de se colocar disposto a aprender e crescer. Eu diria que empresas que não possuem times autônomos não conseguirão garantir sua competitividade no mercado por muito tempo, pois sobrecarregam suas lideranças com a necessidade do controle total nas decisões. Centralizam as decisões finais pelo poder hierárquico que as pessoas ocupam e, consequentemente, têm resultados enviesados e pouco inovadores. Será cada vez mais difícil instituições assim conseguirem se manter vivas.

Rocky

Parece ser muito mais simples dizer o que deve ser feito e esperar que um time apenas execute ao invés de dar autonomia para que ele compreenda problemas e proponha melhores soluções. É provável que leve menos tempo para executar uma decisão *top-down* sem questionar, mas isto não significa que será menos custoso, pois pode não trazer os melhores resultados. Os times podem ficar desinteressados em somente executar e não refletir sobre o real problema — ou se sentirem desprestigiados pois seus conhecimentos não são levados em consideração para opinar sobre o que deve ser feito. A liderança pode se sentir sobrecarregada em conhecer muito mais sobre as nuances do que deve ser feito — e é quase impossível ter total ciência de tudo o que está acontecendo em nível operacional, tático e gerencial. Também podem se sentir completamente culpadas quando alguma estratégia não resulta em bons indicadores, pois dependia principalmente de sua atuação onisciente. Isso ainda pode levar a processos mais rígidos, pois seria mais fácil controlar tudo o que está sendo realizado, mas culmina em uma ameaça à inovação. Uma visão monopolista ameaça a inovação pois os indivíduos não têm motivação para procurar atualizações sobre novidades do mercado, e não sentem que suas sugestões serão levadas em consideração, pois sempre as ordens serão *top-down*.

Thayssa

Os riscos são não inovar, não atender às necessidades reais, e limitar possibilidades.

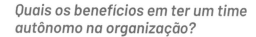

Quais os benefícios em ter um time autônomo na organização?

Gabi

O contexto de frequentes mudanças em que atuamos exige que a gestão das organizações e dos times seja cada vez mais compartilhada e menos hierárquica. Fica mais fácil entender como aspectos que impactam na autonomia das pessoas são importantes para a manutenção de empresas inovadoras. Times autônomos se mostram mais engajados, satisfeitos e buscam melhores resultados. É um efeito cascata. Quando alguns estudos falam, por exemplo, que empresas mais diversas chegam a melhores resultados eu diria que se a diversidade não trouxer junto o espaço para a autonomia não haverá impacto nos resultados e nem nas organizações. As pessoas, com seus *backgrounds* diversos e atuantes de forma ativa nos questionamentos e ações dos times, são o que leva a organização a caminhos de destaque.

Colaboração, engajamento, um time com domínio sobre o projeto, e impulsionar inovação.

Rocky

Engajamento, espaço para desenvolvimento profissional e experimentação.

Thayssa

CASE: CESAR – ESTRUTURA EM VERTICAIS E AÇÕES PROMOVIDAS

A própria estrutura organizacional do CESAR reflete um apoio e incentivo à autonomia das pessoas e dos times. Um exemplo disso são as verticais de cada célula. Os projetos de D&O (Desenvolvimento e Operações) do CESAR são organizados por grupos denominados células. São grupos que compartilham algumas características em comum, como o mesmo nicho de mercado ou cliente. O CESAR possui seis células autônomas que respondem à diretoria de desenvolvimento e operações da instituição. Dentro de cada célula, temos a estrutura de verticais, que representa uma área de conhecimento ainda mais específica, porém transversal a vários projetos daquela célula. Os focos das verticais variam de acordo com o contexto de cada célula. A célula Ásia, por exemplo, conta com mais de 150 pessoas no total e possui verticais de *Cloud Service, Devops, Mobile, Front End, Security* e *IA*. Já a célula Europa reúne mais de 300 pessoas e se organiza nas verticais de *Design, Quality Assurance, Apps Nativos, Apps Web* e *Devops*.

Por serem estruturas independentes dos projetos, as verticais possuem autonomia para:

> » Dar suporte à formação técnica de pessoas e facilitar a troca de conhecimento entre os integrantes das células
>
> » Apoiar os projetos e demandas da célula, favorecendo boas práticas e estratégias desejadas
>
> » Suporte e mentoria para as pessoas, dando visibilidade de carreira e apoiando o desenvolvimento dos integrantes

A vertical de Design da célula Europa conta com 37 designers distribuídos em vários projetos. No início de 2022, havia o desafio de engajar mais o time para troca de conhecimento. A vertical já contava com dois eventos recorrentes e de participação opcional: **Design Colabs**, reuniões para mostrar trabalhos em andamento e buscar ajuda dos demais designers, e **Brownbags**, breves palestras dadas por um designer sobre algum assunto relacionado à disciplina. Esses eventos foram perdendo o engajamento ao longo de meses de trabalho exclusivamente remoto, por conta da Covid-19. Somado a isso, a chegada de novos integrantes ainda pouco familiarizados com essa cultura. A liderança de design da vertical discutiu sobre estas dores e traçamos um plano de ação que reformulou a comunicação sobre o propósito e formato dos eventos, assim como os impactos positivos esperados para todos os envolvidos. A partir de maio de 2022, começamos a colher resultados positivos em que tivemos um aumento de participação média nas Colabs de 30% para 60% dos integrantes do time de Design. Já as sessões de *Brownbag*, que inicialmente não haviam pessoas interessadas em agendamento, aumentaram para uma agenda completamente cheia de propostas até o final do ano, com designers do time interessados em compartilhar e discutir sobre suas experiências, processos e estudos.

Existem outras ações que já foram realizadas por verticais da célula Ásia, inclusive extrapolando as fronteiras para gerar impactos juntamente com a CESAR School, como o apoio ao projeto educacional Labneo — Laboratório de Inovação da Neoenergia, que envolve estagiários em desafios reais da companhia para estimular as áreas a explorarem desafios sob o prisma da inovação, palestras para alunos dos cursos e apoio na construção do curso Fast, formação acelerada e gratuita para habilitar 420 estudantes nas áreas mais demandadas pelo mercado de tecnologia. Com a cultura de orientação para a autonomia alcançada pela atuação das verticais conseguimos ter ações efetivas na melhoria de processos, disseminação de conhecimento e desenvolvimento das pessoas, que se tornam ainda mais engajadas em projetos das suas células e em projetos no nível institucional.

Algumas Iniciativas:

- » Integração com School
  (Squad de apoio ao Labneo School)
- » Integrantes de outras células nas verticais
- » +40 workshops internos
- » Asia Tech Conference (9 palestras)
- » Eventos com School (8 palestras)
- » Aproximadamente outros 5 eventos
  com CESAR e grupo Arquitetura
- » Jornada dos perfis
- » Migração do CI para AWS
- » Ajuda na construção do curso Fast (Residência
  Le Castellet da School para formar 420 pessoas)

CAPÍTULO 08

CRIATIVIDADE CONSCIENTE

Gabriela Araujo • Haidée Lima • Luciana De Mari • Maira Gouveia

A criatividade é um tema muito debatido em times de design e no contexto escolar. Ao mesmo tempo que é um conceito muito próximo e caro à inovação e elaboração de novas tecnologias, a criatividade está também intimamente interligada com a arte, com a experimentação e com o lúdico. Mesmo que ela precise de algum controle e restrições dentro do contexto corporativo e do mercado de trabalho, tais restrições geralmente representam frestas que não necessariamente cessam esse fluxo de escoamento, mas na verdade direcionam a corrente energética e a vibração dos times para objetivos comuns.

Essas dissidências e confluências necessitam de uma equipe engajada, autoconfiante, e de um contexto de segurança para acontecer. É natural do ser humano ser criativo, investigativo, curioso. Resolver problemas de formas dinâmicas, inovadoras e inusitadas faz parte do cotidiano de todos os humanos. É, na realidade, o que nos torna humanos. Pessoas desde a mais tenra infância questionam o mundo e os modos que encontramos para habitá-lo e classificá-lo. A questão, no mundo dos negócios e no mercado, trata da importância de fazer isso de forma estruturada, guiada e com objetivos melhor definidos. A criatividade guiada permite ao ser humano conceber e originar tecnologias, caminhos e desdobramentos. Ter uma criatividade consciente da sua responsabilidade no mundo é essencial ao processo do design.

COMO ARRUMAR TEMPO EM MEU CRONOGRAMA PARA INCLUIR PROCESSOS CRIATIVOS?

Gabriela

É importante organizar o tempo desde o início. Abrir espaço para a criação dentro do planejamento da equipe, espaço para o devaneio, para a busca mais exploratória. É um tempo dedicado a uma pesquisa exploratória guiada, mas que não necessariamente será produzido algo naquele momento.

Haidée

Muitas vezes a criatividade emerge inesperadamente. Já vimos acontecer em nossos projetos — especialmente em um deles emergiram muitos momentos criativos que foram fundamentais para o resultado do projeto. Esse é o resumo da história: é importante ter no planejamento os processos criativos, mas também é preciso valorizar e acolher a criatividade que surge inesperadamente.

Luciana

É importante ter na cultura o espaço da experimentação. Experimentar o que vai surgindo, aparecendo e não simplesmente tolher. Buscar um planejamento maleável, embora no dia a dia, com as entregas e cronograma, seja complicado. Temos um processo de inovação, com uma trilha bem definida de passos que devem ser seguidos, mas dentro desses passos o time tem espaço para a criatividade. Ter tempo para processos criativos não é somente pensar na entrega final, mas no modo como estamos passando pela execução de determinada entrega ou resolução de problemas. Fazer perguntas. Não parar de fazer perguntas e ser curioso. Podemos experimentar algo novo? Alguma metodologia? Mesclar duas ou três e criar uma nova, quem sabe?

Maira

A criatividade não é uma benção divina. Existem práticas e existem métodos. A criatividade precisa dessa metodologia a partir de um caminho, de um direcionamento. Em muitas das ocasiões que somos criativos a resposta ou a solução não aparecem inteiras, mas começam em uma facilitação e vão se construindo, se aperfeiçoando a partir de assimilação de novas ideias e de transformações nas ideias iniciais. Por isso, a criatividade também é sobre escutar as coisas. É um processo de desdobramentos, de buscar novas perspectivas, diferentes olhares sobre um mesmo tema. É importante lembrar que trabalhar a criatividade está ligado a trabalhar a autoestima dentro do time. Idear é um processo que exige autoestima, liberdade e confiança.

Haidée

Estamos falando de processo criativo de maneira geral, não apenas na parte artística. Se não há autoestima, e se a pessoa acha que não tem criatividade, ela não vai achar que a ideia dela é algo que valha a pena sugerir para o seu time ou para a liderança. Por isso é muito importante trabalhar a autoestima das pessoas dentro dos times. Ajudar a florescer essa criatividade faz todo sentido. É difícil falar sobre isso, principalmente dentro das empresas em que o tempo de projeto é curto, e se está dentro de um processo de agilidade, de sprint etc.

Maira

Nesse sentido retomamos uma concepção de Victor Papanek: ele afirma o quanto somos extremamente criativos durante a infância e explica como ao longo da vida, com o passar dos anos, especialmente depois dos 6 anos, época em que a maioria de nós adentra o ambiente escolar, a nossa criatividade e imaginação tendem a decair drasticamente. É interessante observar como esses ambientes, que deveriam ser de abertura e experimentação, vão tolhendo a nossa criatividade. Vão nos conformando a um modo de operar padronizado. Assim, observamos o quanto a criatividade está interligada a essa construção de autoestima no time, pois só é criativo quem confia em si mesmo e nos outros para se abrir para a experimentação e para o erro.

Gabriela

Além disso, se alimentar de ideias também faz parte da construção e valorização desse processo criativo. As pessoas acabam apenas se preocupando com o ponto final e com a entrega, e, assim, encurtam o processo e não aproveitam esse momento tão precioso. Isso também pode ser compreendido como resultado da sociedade de hoje, em que tudo precisa acontecer muito rápido e as pessoas não experienciam o tempo de escutar, de olhar, de observar e "encher o poço" da criatividade, como diz Julia Cameron. É a busca incessante pela perfeição – e uma perfeição rápida. Se ela não aparece imediatamente, a pessoa desiste porque acha que não conseguirá. Tem uma frase que diz que *a obra é o que restou do processo*, ou seja, é o processo que de fato importa, que realmente tem valor.

Luciana

Outro ponto muito importante é a abertura ao erro. A pessoa pode ter confiança no líder, de que pode errar e não vai ser punido por isso, porque a criatividade perpassa pela abertura ao erro. Deve-se ter na cultura da empresa que não há como ser criativo se não estiver aberto ao erro. Talvez as pessoas fiquem muito limitadas às referências que são mais fáceis, que já consomem, e não façam uma investigação criativa mais aprofundada para entender o processo e descobrir como se chegou àquele resultado.

É possível ter times criativos e ainda manter o planejamento?

Luciana

Acreditamos que a criatividade está na rotina. Se você tem uma rotina, você consegue engajar nela o planejamento de maneira consciente. Quando não temos muito tempo, uma rotina ajuda a gente a dar valor a esse pouco tempo que temos para ter e cultivar o processo criativo. É possível observar que quando temos muito tempo disponível para fazer algum projeto, uma rotina nos auxilia a garantir que esse tempo não será desperdiçado. Assim é possível observar a importância de termos um planejamento. Entendemos que a criatividade e o planejamento andam juntos: se você não planeja nada, a criatividade também ficará somente no mundo das ideias e não chega a se materializar.

Haidée

O planejamento não vem para restringir a criatividade — ele vem para organizar. Quando temos um projeto em que precisamos trabalhar a criatividade, como, por exemplo, uma identidade visual, ou uma dinâmica de ideação, precisamos ter um planejamento para essa criatividade. Com esse planejamento o processo criativo se torna muito mais eficiente.

Gabriela

A criatividade não é liberdade — e em diversos momentos confundimos esses conceitos. Tendemos a acreditar que só podemos ser criativos se formos livres para fazermos o que quisermos e da maneira que quisermos. Muitas vezes há o sentimento de que o cliente está tolhendo a nossa criatividade porque ele apresentou algumas restrições no projeto. Se trata do processo oposto: as restrições é que permitem que sejamos imaginativos. Ser criativo quando você pode fazer tudo e qualquer coisa às vezes é muito mais assustador do que quando você tem essas restrições e limites.

Maira

A criatividade está em um equilíbrio entre planejamento, restrições e liberdade. Quando se pergunta se é possível manter o planejamento, é como se pensassem na criatividade como um processo lento, moroso, mas as metodologias de design e o processo de ideação o mostram oposto: é experimentar muito, errar cedo e pivotar rápido. Ou seja, a criatividade está ligada ao processo de gerar ideias e ter uma abertura para mudá-las, se for necessário. É exercitar o desapego a essas ideias.

Gabriela

A pergunta deve ser *"como inserir momentos de liberdade no planejamento?"*. Como encontrar maneiras de auxiliar o time a liberar um pouco o ego, as restrições sociais e o medo de julgamento. Como inserir essa liberdade e esse desprendimento de maneira estruturada e produtiva. É preciso criar um equilíbrio, uma dosagem: momentos de liberdade com momentos de restrição. Em sala de aula, é comum observarmos, ao propor algum exercício com restrição, estudantes afirmarem com frequência: "Só poderemos usar duas cores? Vai ficar tudo igual!" — e isso nunca acontece. Sempre aparecem resultados bastante diversos mesmo com as restrições impostas.

Maira

Em confluência com essa perspectiva, é importante ainda retomar que estamos aqui para discutir uma *criatividade consciente*. Isso supõe que não temos como objetivo apenas sermos criativos. É essencial ser criativo com consciência. É a necessidade de uma criatividade aberta, porém guiada, e com senso de propósito e ética.

Como a criatividade consciente impacta as entregas que fazemos?

Maira

Impacta quando podemos fazer escolhas dentro dos projetos e nichos de mercado em que atuamos para buscar posicionamentos mais éticos e conscientes. Temos ideias, mas vamos colocar essas ideias dentro de um lugar ético. Temos exemplos de propostas de UX design voltado para desacelerar o fluxo do usuário dentro das plataformas, além de outras iniciativas em diversas frentes que incentivam modos de consumo slow. Ou seja, mais lentos e mais informados de modelos produtivos e das cadeias de confecção de coisas que adquirimos e utilizamos. São propostas de design que buscam estimular as pessoas a pensar um pouco mais antes de consumir algo e fazer escolhas mais responsáveis que auxiliam as pessoas a entenderem um pouco melhor como ela irá se constituir enquanto consumidora no mundo.

Gabriela

Ela impacta e direciona. A partir do momento que se toca nessas premissas éticas dentro do projeto, com certeza isso vai impactar no resultado. Esse processo de sermos conscientes de que estamos tentando propor algo novo, faz com que a gente saia dos mesmos resultados já existentes. É importante pensar de outra maneira e tentar sair um pouco desse lugar de que as coisas são como são. O mundo é assim, o jeito de produzir aplicativos é desse jeito etc. A partir do momento que começamos a pensar que esse não é, necessariamente, o único modo de fazer, percebemos esse poder que temos de imaginar outras realidades. Porque, caso contrário, vamos replicar as mesmas fórmulas e sempre teremos os mesmos resultados, mesmos problemas e mesmas questões.

A criatividade pode ser incluída em qualquer processo de trabalho?

Gabriela

A partir do momento que compreendemos a criatividade como parte do trabalho, ela pode ser adequada e inserida em qualquer contexto. Austin Kleon diz que criatividade é apenas uma ferramenta – ou seja, não é o fim, é sempre o meio para outra coisa. Assim, ela não só pode como deve ser incluída em qualquer processo de trabalho. Afinal, sem criatividade não há como construirmos algo novo.

Haidée

Devemos sempre buscar uma criatividade responsável e madura – no sentido de saber até onde podemos explorar, experimentar e não nos perdermos no fim do processo. Precisamos ter consciência de quando é o momento de parar e realmente executar o que foi planejado. Existe o perigo de ficar apenas nas ideias e não concretizar o projeto. Com isso, vem o medo de não atender às expectativas — até próprias — pois parece ser mais seguro ficar só no universo das ideias.

Maira

A criatividade já faz parte do nosso cotidiano. Sempre que nossa internet por algum motivo não funciona, ou quando algo quebra ou derramamos um café e não há papel por perto, se a tinta da impressora acaba, em todas essas situações em que precisamos pensar em um *"plano B"*, estamos sendo criativos, encontrando novos caminhos. No mundo corporativo isso se torna ainda mais necessário. Estar aberto a enxergar os problemas da nossa empresa e sermos propositivos para acharmos caminhos e soluções para tais desafios é o *mote* e o encanto da criatividade. É assim que evoluímos como corporações, times, designers, pessoas e como humanidade.

Como incluir a criatividade no dia a dia ajuda nas entregas do meu time?

Luciana

Um ambiente que promove a criatividade faz com que a pessoa colaboradora se sinta parte daquilo, parte do processo, e não somente uma replicadora de processos definidos anteriormente. Ou seja, está de fato criando algo no qual a pessoa se reconhece, não apenas replicando algo visto no *Pinterest*, por exemplo.

Maira

Isso volta à questão da autoestima. Uma vez que uma pessoa do time consegue emplacar uma solução que não era aplicada antes (ou que simplesmente não existia naquele contexto), ela se sente mais empoderada e menos alienada do processo produtivo. Torna-se um círculo virtuoso – no sentido positivo. Dessa forma, ela se sente mais aberta para propor algo novamente, para testar outros caminhos e esse processo vai se retroalimentando. Outras pessoas do time enxergam essa abertura e se sentem habilitadas a operar de maneiras inovadoras e diferenciadas estimulando a criatividade e colaboração em rede.

Gabriela

Também consideramos que uma das maneiras de incluir é trazer essa criatividade para o nível da consciência. Ou seja, se fazer perguntas e ficar o tempo todo se questionando o porquê de ser daquele jeito. Assim, vamos trazendo muitas coisas que estão naturalizadas para a superfície, questionando a resposta padrão. Por exemplo: por que um livro precisa ser sempre retangular? Por que ele é dessa maneira e não de outra? Existem limitações da indústria, do mercado, dos próprios leitores? E, assim, compreendendo quais os limites possíveis de subverter naquele contexto para que a solução não se distancie tanto da resposta padrão a ponto de não responder ao problema proposto. Ou seja, é um exercício de tornar incomum as coisas comuns, como Corita Kent defendia.

O que é preciso fazer para ter times mais criativos?

Haidée

Pontos que já levantamos anteriormente, como: trabalhar a autoestima, abrir espaço para a criatividade que emerge, fazer planejamento e encaixar momentos lúdicos em processos burocráticos. Também é importante fazer experimentos criativos. Para desbloquear a criatividade, existe uma infinidade de livros com técnicas que podem auxiliar. A criatividade fazia parte da nossa infância e foi sendo perdida ou boicotada com o crescimento até a fase adulta, mas a prática e experimentação podem restaurar essa capacidade.

Gabriela

Julia Cameron, no livro *O caminho do artista*, diz que cada um de nós deve "encher o poço". Ou seja, buscar ativamente imagens que renovem os nossos "reservatórios criativos". Assim, construímos repertório e estimulamos nossa habilidade de conectar e criar relações que não existiam antes.

Maira

Acredito que também é importante trazermos o humor para o ambiente de trabalho. O riso permite que o time se torne mais leve. Estimular esses momentos de liberdade, descontração e de brincadeira automaticamente fazem florescer a autoestima e a confiança, que são características essenciais para times criativos.

Quais os riscos da não inclusão da criatividade consciente nos processos de uma organização para o seu futuro?

Maira

São dois conceitos bem complexos, a criatividade e a consciência. A não inclusão da criatividade limita o processo de construção de uma proposta de projeto, criando um ambiente monótono, tedioso, e isso impacta na equipe e nos resultados da própria empresa. Ou seja, nos deixa presos a um mesmo formato. A falta de consciência durante esse processo da criatividade faz você se perder tanto dos seus valores quanto dos valores da sua empresa, das questões éticas, da missão, do mundo, do que a gente pode criar. Podemos sonhar todos os tipos de mundo. Que tipo de mundo queremos sonhar para nossa empresa? O risco da não inclusão de uma criatividade consciente é se perder dos rumos que a própria empresa quer construir.

Gabriela

Não incluir a criatividade também afeta a imaginação das pessoas. Ou seja, de imaginar realidades diferentes, situações diferentes. E bell hooks cita um trecho de George David Miller que traduz bem tudo isso: *"a imaginação sintetiza e as sínteses são atos criativos. Representam a criação ou o nascimento de novos caminhos, novas possibilidades, novas esperanças e novos sonhos."*

Quais os benefícios para uma organização em incluir a criatividade de forma transversal?

Luciana

A pergunta que devemos fazer logo no começo do projeto é: que tipo de entrega estamos fazendo? Indo pelo caminho das premissas éticas, elas têm que estar lá no comecinho e não deixar se desenvolver o projeto para ver só no final se estão sendo seguidas — porque tendemos a fazer o que já deu certo. Temos que ver a demanda e ter um olhar crítico no sentido de atender, pois o cliente está pedindo, mas de uma forma que não agrida nossa ética criativa, que valorizamos e que queremos ter nos nossos trabalhos. Muitas vezes, dentro de projetos não temos muitas escolhas, temos que atender o que o cliente necessita, mas podemos ter esse olhar crítico de ver até onde vamos e o que faremos para não ferir essa ética.

Maira

Voltando à criatividade consciente, talvez seja como podemos achar maneiras de ajudar o cliente a rever o *briefing*, como diz Zoy Anastassakis. Como podemos ajudar esse mercado a se repensar, e como podemos usar essa criatividade consciente para conseguir burlar, um pouco, o desejo inicial do cliente.

Haidée

Como podemos subverter um pouco desse processo a partir da criatividade, e achar caminhos para fluir entre o desejo do outro e o que acreditamos ser menos agressivo. Não só individualmente mas também como coletivo, em nossas empresas, que têm seus valores, missão e princípios.

Gabriela

Essa pergunta me levou à uma citação de Julia Cameron que diz: *"abrir-se à criatividade faz com que você deixe de ser alguma coisa à deriva no mar para se transformar em uma parte muito mais funcional, consciente e cooperativa daquele ecossistema."* Ou seja, com times que sejam criativos de forma transversal, temos também uma equipe que está atenta aos processos, mais consciente, que troca experiências e estimula a conexão de propostas vindas de diversas áreas do time.

121

CASE: INOVA – A VIDA COMO ELA É, CONECTANDO PESSOAS DENTRO DO CESAR PARA SOLUÇÃO DE PROBLEMAS COTIDIANOS.

Historicamente, existem áreas nas empresas que atuam de forma mais conservadora - financeiro, administrativo, infraestrutura, etc., desconectadas de práticas e processos mais comumente usados nas *Áreas Fim*. Uma consequência direta é o descolamento com a cultura de inovação das empresas.

A falta de integração entre áreas é recorrente nas empresas, contribuindo para que as pessoas tenham apenas visão de cada atividade isolada, e não uma visão das atividades em uma perspectiva de processo de ponta a ponta. Por isso, sem integração a empresa deixa de inovar.

Para diminuir essa distância e, ao mesmo tempo, promover uma integração das chamadas *Áreas de Apoio* e *Áreas Fim*, foi desenvolvido o projeto INOVA. O objetivo consistiu na construção e disseminação de conhecimento dentro da instituição, fomentando o diálogo entre essas áreas, por meio de processos de design voltados para inovação. Nesse processo, com o apoio de mentores de UX e aplicação de métodos e técnicas de Design, igualmente praticados em projetos com nossos clientes, os colaboradores se engajaram para identificar oportunidades de melhoria e contribuir para a solução de problemas reais de suas áreas.

Os resultados obtidos foram desde a conexão dos membros das áreas de apoio com colaboradores de outras áreas, transformação das lideranças, práticas aprendidas sendo incluídas na vida das pessoas, maior flexibilidade para abraçar o imprevisível, até a busca da interdisciplinaridade para resolver problemas complexos. Ou seja, inovação!

CAPÍTULO 09

ABERTURA PARA O RISCO

Priscila Alcântara • Willian Grillo

Embora o pensamento de design possa ser utilizado em situações diversas, incluindo processos simples como arrumar gavetas, frequentemente ele é acionado e associado à busca de soluções para problemas complexos que têm implicações com o futuro e raramente advêm de uma única causa. Ao propor possíveis soluções para um problema, é natural que seja preciso lidar com um certo grau de risco e incerteza sem o qual não é possível seguir adiante quando se tem medo de falhar. Dentro das diversas abordagens utilizadas pelo design, há ferramentas cujo objetivo é o de entender os problemas de uma forma holística — analisando dados quantitativos e qualitativos, buscando entender as pessoas e seus anseios — como você já deve ter percebido, a esta altura, principalmente depois de passar pelo capítulo de Empatia e Alteridade — , a aplicabilidade e viabilidade das soluções: utilizar essas ferramentas dentro da sua organização pode ajudar o time a encarar a possibilidade de que algo não saia necessariamente como o esperado e mudar a trajetória de forma veloz, iterativa e ajustar a estratégia até que se atinja uma solução desejável, o que é inerente ao processo de inovação.

COMO TRABALHAR COM RISCOS CALCULADOS DENTRO DO MEU PROJETO DE PRODUTO OU SERVIÇO?

Todos nós sempre trabalhamos com uma medida de risco, porque nunca há garantia de acertar sempre em qualquer coisa que se faça. Não dá para prever que alguém do time não ficará doente, ganhará na loteria, entrará em greve, haverá desastres naturais e até uma pandemia como a que ocorreu nos últimos anos — pois é, foram anos, no plural mesmo! A forma como os times, os projetos e as organizações irão reagir e conseguir sobreviver mediante as intempéries vem da capacidade de adaptação, aceitação e forma como encaram os riscos no dia a dia.

O que o risco representa para a inovação?

Priscila

Na minha visão, não há como a inovação acontecer sem uma medida de risco. Quando a gente para e pensa sobre o fato de que, se você não assume riscos, é porque está fazendo algo que já vem de uma receita testada e aprovada por outras pessoas, fica fácil de enxergar que quem acerta sempre, de primeira, não inova. Dar espaço e liberdade para as pessoas errarem em uma certa medida dentro de um projeto é um indicativo de que o time se direciona para algo novo cujo objetivo é agregar valor.

Grillo

Inovar é sobre conseguir criar tecnologias, produtos, serviços e solucionar problemas de uma maneira substancialmente melhor do que se faz atualmente, e isso dificilmente acontece sem correr riscos. É preciso introduzir algo novo na equação para chegar a um resultado diferente do que se tem. Seguir pelo mesmo caminho sempre vai nos levar ao mesmo destino. Estar aberto a experimentar um caminho diferente é o começo do ciclo de inovação, pois é a partir de decisões arriscadas que conseguimos obter resultados melhores do que os esperado. Ao longo do caminho vamos aprender coisas novas, que estavam fora do nosso entendimento inicial de realidade ou de mercado. Em poucas palavras, o risco na inovação significa uma abertura a novas possibilidades.

Como o design pode ajudar com relação a mitigar riscos?

Priscila

Boas abordagens de design costumam analisar problemas através de várias lentes. É comum que sejam considerados aspectos desejáveis para os utilizadores de uma possível solução: se hipóteses para a solução de um problema são viáveis do ponto de vista de negócios ou mesmo se são tecnologicamente possíveis ou mesmo se são soluções éticas. Enxergar as ideias por esses ângulos pode ajudar a prever possíveis problemas. Processos de design têm uma série de ferramentas, principalmente de teste e validação em ciclos curtos, que ajudam nisso. As abordagens de design podem ajudar na criação de métricas baseadas em entregáveis associados à jornada das pessoas. Métricas assim ajudam a entender antecipadamente quando as coisas estão indo bem, permitindo corrigir problemas antes que tudo se ponha a perder. Ao incluir esse pensamento e difundi-lo entre membros do time é possível ter uma visão mais avançada sobre uma possível solução para um problema e, consequentemente, adiantar possíveis riscos.

Grillo

A melhor maneira de mitigar riscos é enfrentá-los de frente — ter ciência da sua existência e dos seus desdobramentos. Isso faz com que a gente esteja sempre em um ambiente com escassez de informação, e a maioria das pessoas não consegue agir nesse ambiente "desconfortável". Por isso, o principal poder do designer não é ter a solução mágica para um problema, mas conseguir tomar decisões com muito menos informação e estar confortável com isso. Dar o próximo passo, abrir a próxima porta do desafio. A maioria das pessoas só consegue se jogar em um projeto se o caminho a sua frente estiver bem definido, planejado e mirando o resultado final, ou seja, aparentemente sem riscos, mas o designer sabe que para chegar lá é preciso um passo de cada vez. Cada passo é dado com a certeza do que se aprendeu até ali mas correndo novos e pequenos riscos. O designer se alimenta desses riscos, pois é a partir deles que virá o aprendizado e a capacidade de decidir e mudar os rumos mais rapidamente, mitigando o principal risco, que era acreditar que tudo ia dar certo lá no começo.

Como assumir um certo nível de risco ajuda o meu projeto?

Priscila

Sem risco não se faz inovação. E sem inovação corre-se o risco de ser extinto. Uma conclusão do relatório da *McKinsey* sobre a vida útil média de uma empresa no índice *Standard and Poor's 500* mostra que no ano de 2020 era de pouco mais de 21 anos, em comparação com 32 anos em 1965. Por essa visão, não assumir riscos e se manter inovando é mais arriscado do que fazer inovação levando em conta riscos calculados e bem pensados utilizando processos de design.

Grillo

O risco é um dos principais elementos para o bom aprendizado. Ele é o gatilho que nos faz procurar diferentes maneiras de construir o que planejamos e alcançar mais do que era esperado. O risco sempre tem dois lados: o otimista e o pessimista. Ninguém corre riscos se não tiver um retorno esperado melhor do que não correr, e são justamente essas possibilidades que fazem a gente se mover e inovar. É importante pensar que mesmo decisões conservadoras contêm riscos ocultos: fazer sempre a mesma coisa pode parecer confortável, mas, dependendo do contexto, pode ser mais arriscado do que mudar de direção. Sempre estamos correndo riscos, mesmo quando parece que não. O ponto é reconhecermos isso e usarmos os riscos a nosso favor.

Dá para estar aberto ao risco mesmo em setores que não estão diretamente ligados à inovação?

Priscila

Olhando para áreas-meio, é recorrente que as pessoas não se vejam fazendo inovação ou mesmo nem se deem conta de que isso é possível. Quando se pensa assim, muitas vezes se percebe o risco como algo ruim e o erro como algo a ser evitado a qualquer custo. Ao vermos as coisas do ponto de vista da inovação pelo design, encontramos um ponto de vista diferente desse senso comum. Temos que pensar em garantia mais como confiança na qualidade do que se produz do que na certeza de que nada dará errado nunca. Se pensamos na garantia de um bem, como um televisor, por exemplo, a garantia não diz que não haverá danos ou vício no produto, mas dá a segurança para quem está adquirindo de que terá um bom suporte. Temos que pensar nos processos dessa forma: se der errado, como esse fluxo de exceção será tratado? O design pode ajudar a mapear esses processos e fluxos diferentes do padrão.

Grillo

O segredo é pensar menos em processos como estruturas, *checklists*, e mais como estratégia. Quando pensamos apenas em nível ferramental e metodológico, acaba restando pouco espaço para lidar com a incerteza — em outras palavras, os riscos. O pensamento em design precisa vir para a camada estratégica e não ficar restrito a aplicação de *frameworks* e ferramentas apenas na ponta da operação. Quando se pensa o processo de design como estratégia, estamos constantemente nos perguntando qual a próxima ação e entendendo os movimentos de seu usuário, de seus competidores e do mercado como um todo.

Priscila

Mesmo não designers podem se beneficiar de trabalhar com riscos calculados?

Quando as pessoas sabem que existe uma tolerância para erros e sabem que podem assumir riscos calculados, se sentem mais propensas a pensar em algo novo que pode revolucionar um processo. Se a disposição para absorver isso não existe por parte da organização, ninguém vai tentar fazer nada diferente do que o que já está testado e aprovado para melhorar nunca, pois pode não resultar e as pessoas sejam punidas. O ônus disso é que nada mudará desse jeito e a empresa ainda corre o risco de perder talentos que têm pensamento e estão dispostos a ir além.

Grillo

Certamente podem se beneficiar. A questão não é decidir por correr ou não correr riscos, mas ter a capacidade de entender como esses riscos impactam no seu projeto e mesmo nas suas atividades, por mais que sejam apenas uma parte pequena de toda a complexidade que envolve o desafio. Todos precisam entender quais os efeitos no futuro de suas decisões no presente e isso não pode ficar restrito apenas a quem é responsável pela estratégia ou pelo design de um produto ou serviço.

Como saber lidar com riscos através do design pode ajudar pessoas de diversos setores a produzirem boas entregas?

Priscila

Quando se tem o pensamento de design aplicado no dia a dia é possível entender melhor como as coisas podem ser priorizadas em qualquer segmento em que uma pessoa esteja atuando. O time pensa em fluxos alternativos, de exceção, e é capaz de antecipar problemas utilizando as técnicas corretas. Em uma priorização simples, usando uma matriz 2x2, por exemplo, é possível aprender mais sobre o que causa mais impacto na escolha de uma solução quando posta em prática e quais as prioridades de uma forma mais visual, auxiliando a tomada de decisão. Técnicas de criação e validação de hipóteses ajudam o time a ver as entregas através de diversas perspectivas e isso contribui para assumir riscos calculados e seguir fomentando a inovação.

Grillo

Quando se usa o design para lidar com riscos, quebrando incertezas menores e, principalmente, aprendendo com as experimentações que são feitas ao longo do caminho para mitigar esses riscos, todas as pessoas envolvidas no desafio se sentem mais empoderadas para criar o seu próprio caminho, tomar decisões e entender os impactos disso no desenvolvimento do produto. Isso gera benefícios tanto em entregas individuais de pessoas e setores, mas também torna o trabalho sistêmico mais previsível e propício para a colaboração entre os diferentes setores. Você passa a entender a maneira como pessoas em áreas diferentes da sua irão resolver um problema que está lhe afetando e, quando isso acontece, o ambiente fica muito mais propício para entregas mais consistentes e, consequentemente, para a inovação.

O quanto vale a pena arriscar olhando para a sustentabilidade do negócio? Quais podem ser as consequências de não ser uma organização aberta ao risco?

Priscila

A principal consequência de não se arriscar com consciência é deixar de existir em um prazo relativamente curto. Se as pessoas que fazem uma companhia não se arriscam, nada muda, e logo logo aparece outra entidade que vai fazer o mesmo que a sua empresa faz — mas melhor, porque assumiu um certo nível de incerteza com o coração aberto ao oferecer um novo produto, processo ou serviço. Parece bem clichê, mas não saber arcar com certa medida de risco é, provavelmente, uma ameaça maior do que usar técnicas corretas para trabalhar com variáveis bem calculadas, ainda que não totalmente seguras.

Grillo

Hoje em dia, as coisas mudam muito rapidamente, e toda a base de crenças que sustentam sua organização podem ruir de um momento para o outro — mesmo que não aconteça visivelmente ela pode estar se corroendo sem você perceber. Esse é o risco de não correr riscos. Quando se está em um ambiente aberto ao risco é mais fácil entender os impactos das decisões e se antecipar às mudanças de ambiente e de comportamento.

Qual pode ser o benefício de assumir riscos calculados no futuro da minha organização?

Priscila

Existe uma fala atribuída ao arquiteto americano Buckminster Fuller que diz: *"você não muda as coisas lutando contra a realidade atual. Para mudar algo é preciso construir um modelo novo que tornará o modelo atual obsoleto"*. Quando assumimos riscos, estamos no caminho de criar esse *"algo novo que tornará o modelo atual obsoleto"*. E isso faz de você uma referência. Leva você à vanguarda. Isso é inovação. É o que vai manter uma organização viva por mais tempo. Assumir riscos calculados, guiados por um pensamento de design e usando abordagens corretas é o que impulsiona a longevidade de um negócio.

Grillo

Recentemente tivemos uma mudança drástica em nossas vidas: a pandemia de Covid-19 e tudo que ela trouxe de consequências em empresas que estavam dispostas a correr riscos tiveram um tempo de resposta menor a essa situação. Organizações que já tinham cultura de experimentação, por exemplo, souberam como tatear o ambiente à procura do próximo passo enquanto as mais conservadoras se mostraram inertes à espera de sinais claros de quando "voltaremos ao normal", o que certamente nunca acontecerá. O principal benefício de correr riscos é aprender a aprender, saber como estimular seu contexto e coletar conhecimento que recebe de volta.

CASE: COFERLY

Ao longo de 16 semanas, um time do CESAR, trabalhando de forma colaborativa com a **Coferly**, conduziu um processo utilizando conceitos e métodos de design de serviços e experiência do usuário para fazer um mergulho no universo da empresa, dos *stakeholders* da cadeia de valor e de seus consumidores e usuários com o objetivo de enfrentar os seguintes desafios:

- Como chegar no consumidor e entender suas necessidades, o modo de uso e o valor que eles enxergam nos produtos da empresa?
- Uma vez chegando até esses consumidores, como coletar dados relevantes sobre a forma de uso e feedbacks em relação à eficiência dos produtos?
- Como gerar inovação orientada ao consumidor mesmo sem ser "visível" para eles?

A intenção era entender a relação do usuário final com a coloração, mapear as melhores oportunidades para a captação de informações relevantes para a inovação e propor formatos para canais de comunicação efetivos com esse público. O ponto de partida foi um *workshop* de descoberta na sede da Coferly, que contou com mais de 40 participantes representando todos os perfis envolvidos com inovação para coloração — desde os representantes do marketing e vendas até os químicos, passando pela equipe de logística e linha de fábrica. Os dados obtidos no *workshop* foram compilados para a criação de grupos de informações, chamados de *"clusters de pesquisa"*. Os *clusters* permitiram vislumbrar a rede de relacionamento da Coferly com seus clientes e fazer uma etapa de pesquisa mais objetiva, indicando os caminhos a serem seguidos na coleta de dados. Nas etapas posteriores, o CESAR foi a campo e levantou dados através de pesquisa secundária, entrevistas, *surveys* e etnografia. A síntese da etapa de pesquisa nos permitiu visualizar um *Mapa de Relacionamento*, representando o fluxo das informações que se inicia na Coferly e segue até o usuário final.

> A intenção era entender a relação do usuário final com a coloração, mapear as melhores oportunidades para a captação de informações relevantes para a inovação e propor formatos para canais de comunicação efetivos com esse público.

Já mais imersos no universo de coloração, o CESAR convidou alguns *stakeholders* para mais uma rodada de *workshop*, agora de ideação, em que foram utilizadas algumas dinâmicas para gerar ideias de canais que levassem a Coferly a chegar até o seu usuário final e captar deles *insights* de inovação. Nesta etapa, de forma colaborativa, as ideias foram plotadas, hierarquizadas e definidas as três ideias mais promissoras que seguiram para uma etapa de validação. Essas hipóteses geradas precisavam ter sua eficiência testada. Para isso, o CESAR optou por utilizar uma estratégia agressiva de validação, o *Riskiest Assumption Test (RAT)*. Para cada um dos conceitos, foram mapeadas e eleitas as suposições mais arriscadas — aquelas que apresentaram um alto nível de incerteza e um grande impacto na ideia. Resumindo, as hipóteses inviabilizariam toda a ideia se não fossem confirmadas. Depois disso, foram criados experimentos reais para validar as hipóteses e CESAR voltou a campo para testá-las. Dentro deste cenário, as três ideias foram testadas e consideradas validadas parcial ou completamente. O aprendizado dos experimentos permitiu refinar o desenho inicial de cada canal e a visibilidade dos relacionamentos do ecossistema.

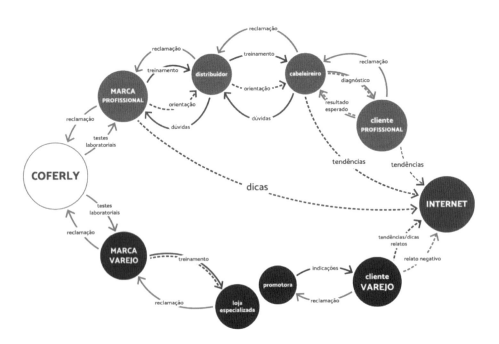

Figura 1 *Mapa de relacionamento desenhado durante o projeto Coferly*

O FOCO DA VALIDAÇÃO ESTÁ NO APRENDIZADO

Uma vez que a incerteza mais crítica é validada, é possível seguir para a próxima incerteza, e gradualmente construir confiança na viabilidade da ideia. A chave do *Riskiest Assumption Test* está na elaboração de testes rápidos e enxutos. A pergunta essencial é: *"Qual é o menor experimento que pode ser rodado para testar as maiores incertezas desse conceito?"*

Ao final do projeto, a Coferly recebeu um *roadmap* de implementação das soluções ideadas, seus impactos para o grande desafio de serem canais de comunicação com o cliente final, e com a visão a curto e longo prazos para cada uma delas já considerando os aprendizados encontrados no ciclo de experimentação realizado.

CAPÍTULO 10

ENGAJAMENTO

Evandro Leão • Luciana De Mari

Estudos recentes nos apresentam o conceito de engajamento de forma acadêmica, feito em 1990 por Willian A. Kahn. Além do conceito de engajamento, Kahn também introduziu o termo "desengajamento pessoal", que é a ausência de engajamento no trabalho. São comportamentos que as pessoas trazem ou que deixam seus "eus" durante o desempenho de tarefas. São quatro níveis de engajamento: *Insatisfeito, Satisfeito, Comprometido e Engajado.* Um dado importante para as lideranças levarem em consideração: segundo pesquisas da Gallup, 70% da variação no engajamento da equipe é determinada exclusivamente pelo gerente. Assim, o engajamento de indivíduos e times deve ser a principal responsabilidade dos gerentes e líderes da organização. Estudos da Gallup também apontam que quase 85% dos funcionários em todo o mundo ainda não estão engajados ou estão ativamente desengajados no trabalho. Vale lembrar: empresas em que os funcionários recebem *feedback* diário de seu gerente têm três vezes mais probabilidade de engajamento do que aqueles que recebem *feedback* uma vez ou menos por ano.

Especialista em liderança de renome internacional, Jeff Havens apontou os seis principais fatores motivacionais de engajamento: o próprio trabalho; relação com colegas; oportunidades para usar talentos e habilidades; relação com superior imediato; quando seu trabalho contribui com objetivos da empresa; autonomia e independência. Tendo em vista esses fatores, aliados à experiência de campo de muitos anos do CESAR, acreditamos que a liderança deve prover e fomentar um ambiente de trabalho seguro, em que as pessoas sintam confiança para opinar e ter autonomia sobre o trabalho exercido, assim como ter uma comunicação clara referente ao direcionamento do trabalho do time e como a contribuição individual de cada colaborador contribui para o sucesso da empresa. Uma liderança que de fato crie uma relação pessoal com seus liderados, escute e se importe com o sucesso de seu trabalho, que trabalhe uma mentoria com cultura de constantes *feedbacks* para proporcionar um direcionamento evolutivo na carreira de cada integrante do time. Juntos, estes fatores devem proporcionar um ambiente colaborativo, com as pessoas tocando seu trabalho de forma autônoma e engajada. O design possui uma função humana de integrar e auxiliar na criação de conexões entre pessoas e soluções — e hoje isso é visto com um papel fundamental nas organizações.

COMO O DESIGN ATUA PARA ENGAJAR PESSOAS?

Evandro

Na nossa realidade, trabalhando com desenvolvimento de produtos digitais, o design como disciplina tem papel crucial nas etapas de investigação e enquadramento de um problema ou necessidade. Durante o processo de descoberta, levantamos as principais pessoas interessadas e envolvidas, que serão nosso ponto focal durante todo processo cíclico do desenvolvimento do produto. Esta lista de pessoas deve ser multidisciplinar, para envolver diversas áreas da empresa que têm ponto de contato com a problemática em questão. Exemplo: marketing, área de negócios, tecnologia, jurídica, atendimento ao cliente, e, se possível, alguns clientes ou possíveis usuários da nossa solução. Durante a condução do processo de design, precisamos da participação e apoio deste time multidisciplinar para levantar a visão do produto, seus objetivos de negócio, valor para usuário e suas funcionalidades para sanar as necessidades que foram levantadas em cima da problemática inicial. É papel do time de design comunicar a todos visão e objetivos deste produto, possibilitando que o time inteiro tenha clareza na direção que devemos seguir para atingirmos os objetivos estabelecidos na etapa de descoberta.

Luciana

Antes de tudo, é importante definir o que é *engajar* e, neste contexto, entendo que engajar é fazer com que as pessoas se envolvam em um determinado propósito ou ação, com real empenho e vontade. E a atuação do design como abordagem vai ajudar em duas frentes. Uma delas é entender quais são as pessoas que queremos engajar, quais suas necessidades, e só depois quais ações precisam ser definidas para que tenhamos um engajamento em relação a um propósito. A segunda frente é ajudar na própria definição do propósito a ser alcançado. Se não temos definido muito claro qual o propósito em que devemos engajar pessoas, não teremos engajamento. Um exemplo de como o design pode atuar: ajudando lideranças a entenderem quem são as pessoas de sua equipe e como fazer para ter essa equipe mais engajada a partir da empatia, princípio básico dentro do design que direciona as ações que serão definidas.

É possível manter um time engajado em todos os tipos de projeto?

Evandro

No ambiente de desenvolvimento de produtos, temos cenários de mudanças constantes, em que trabalhamos sempre revisando e repriorizando as tarefas. Por isso, é crucial deixar estas informações em evidência para o time.

Podemos manter o time engajado tendo uma liderança que comunique de forma clara e eficaz o propósito e objetivos do projeto e proporcione um ambiente de trabalho seguro e colaborativo, fazendo com que os indivíduos entendam seu papel e responsabilidades no time. A comunicação clara e efetiva tem papel fundamental, proporcionando autonomia no trabalho e clareza no direcionamento da construção do produto.

Luciana

Se o projeto estiver alinhado a princípios éticos como a preocupação em não reproduzir nenhum tipo de preconceito, racismo, LGBTfobia, capacitismo, machismo ou qualquer ação que tenha efeito negativo nos grupos atingidos, a resposta é sim, é possível manter um time engajado em qualquer tipo de projeto. Porque o engajamento não depende apenas do tipo de projeto e sim do time que está atuando nele. É aí que entram as lideranças, com papel fundamental na formação do time, na construção de atividades que permitam a criação de relações no grupo, favorecendo a troca e a colaboração, criando assim espaços seguros para que as pessoas se enxerguem fazendo parte de um todo e entendam com clareza a importância de seu papel e suas atividades, podendo se desenvolver. Ao mesmo tempo, é importante que tenham a sua individualidade preservada com espaço para sua voz, o que vai gerar ainda mais sentimento de pertencimento. A liderança precisa ter uma comunicação clara e afetuosa. Ela precisa estar engajada e empenhada em se aprimorar, em se conhecer e ter humildade para se expor e para aprender com o time. Baixar a guarda pode abrir espaço para criar uma segurança psicológica coletiva. E todos esses pontos juntos favorecem a manutenção de um time engajado em qualquer projeto.

Como o engajamento se relaciona com a cultura da minha organização?

Evandro

Um aspecto de fundamental importância é a cultura organizacional, em que é papel da liderança criar e manter um ambiente seguro que promova a confiança e colaboração entre indivíduos. Ouvir seus liderados deve ser uma prática constante de líderes e gestores, afinal eles estão mais em contato com o dia a dia do produto desenvolvido, dos testes com usuário e dos *feedbacks* recebidos do cliente. É crucial que a liderança pratique a escuta ativa — isto amplia a relação do líder com seus liderados — e também faça um acompanhamento rotineiro de mentoria e carreira, transparecendo que a companhia se importa e cuida de seus colaboradores. Quando uma pessoa se sente coberta, e com sentimento de pertencimento por ter reconhecimento e *feedbacks* no ambiente de trabalho, temos um cenário que consequentemente promove a confiança, ampliando o relacionamento entre indivíduos resultando numa colaboração mais efetiva. Tudo isto impacta diretamente na qualidade e produtividade do trabalho, na taxa de retenção de pessoas ao longo de períodos difíceis, e no comprometimento com o trabalho.

Luciana

A cultura é a base da estrutura organizacional, é o jeito de pensar e agir institucionalizado. É aquilo que faz com que o grupo se enxergue de fato como grupo e se entenda como parte de algo maior. É a identidade da organização, formada por suas crenças e valores, que diferencia uma empresa da outra. Uma organização que se preocupa com as pessoas, que entende suas necessidades, que tem como cultura o cuidado, valorizando saúde mental, bem-estar, conforto, fornecendo condições estruturais, desde políticas de trabalho, tamanho da equipe, práticas humanizadas, normas, entre outros fatores positivos, estará certamente contribuindo para um time mais engajado e comprometido.

O que a minha organização pode fazer para manter as pessoas engajadas?

Evandro

Criando um bom clima organizacional e um ambiente que promova a colaboração de indivíduos, com infraestrutura e um ferramental necessário que dê suporte à operação. A liderança precisa sempre comunicar os propósitos da empresa, transmitindo a visão, missão e seus valores. Deixar claro como será este futuro que a empresa deseja traçar e qual propósito será atingido. Ter noção da importância do papel de seu trabalho na contribuição desse objetivo faz com que colaboradores possam se identificar, aumentando o sentimento de pertencimento. Conhecer a fundo cada indivíduo é fundamental — suas habilidades mais fortes e pontos que podem ser melhorados, assim como suas motivações e propósitos. Quando estes fatores individuais estão alinhados com os da companhia, há uma identificação natural do profissional com o ambiente em que está envolvido. A identificação destes pontos deve ser levada em consideração desde a fase de recrutamento e seleção. Assim, há garantia de um time bem equalizado na parte técnica e com valores e objetivos pessoais compatíveis com os da companhia.

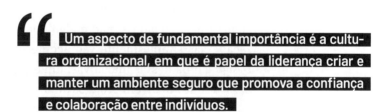

> Um aspecto de fundamental importância é a cultura organizacional, em que é papel da liderança criar e manter um ambiente seguro que promova a confiança e colaboração entre indivíduos.

Luciana

Não há um manual para seguir, mas existem algumas diretrizes. A mais básica e importante é a preocupação genuína pelas pessoas — a preocupação precisa ser legítima e não uma obrigação. As pessoas sentem quando a intenção é verdadeira e isso afeta diretamente o comportamento delas de forma positiva. Existem alguns pontos que são necessários em uma organização para ajudar as pessoas a se manterem engajadas. Um deles é a autonomia — é essencial que as pessoas tenham autonomia e liberdade para resolver problemas, propor soluções, compartilhar ideias e também colocar em prática, desde que, claro, alinhado com o direcionamento da empresa. Organizações que têm a inovação como foco — o CESAR é um bom exemplo — oferecem autonomia no trabalho, e ela tem relação direta com confiança, que é o próximo ponto: fomentar um ambiente de confiança na organização. Se temos um ambiente em que podemos confiar, tanto na organização, quanto nos nossos pares e na liderança, podemos divergir, não perdendo a oportunidade de dizermos o que pensamos. Isso mantém a integridade de cada um e reforça o respeito como pilar das relações. Favorecer integração entre a equipe, com eventos, encontros, é ótimo, e melhor ainda é apoiar a iniciativa das pessoas para esses momentos de integração. Um exemplo claro de exercício de autonomia, em que podemos ver os pontos de confiança e integração acontecendo, são as iniciativas criadas pelo time de design do CESAR sempre que sentem alguma necessidade — não é algo que venha da organização, elas simplesmente vão acontecendo. O *Café com Design* é uma dessas iniciativas: um espaço diverso, para pessoas que atuam em projetos diferentes uns dos outros, que se encontram para compartilhar ideias ou simplesmente se conhecerem, se conectarem, tomarem um café, e criarem vínculos. Outros pontos necessários: promover ambientes inclusivos, com igualdade de oportunidades;

capacitar lideranças para que atuem de forma humanizada; espaço para que as pessoas possam crescer e se desenvolver apoiadas por um plano de carreira bem estruturado, com acesso a capacitações; reconhecimento e recompensa, celebrando conquistas de forma equilibrada; ser uma organização transparente, em que a comunicação atua reforçando os pontos da cultura, em todos os níveis organizacionais; e estimular a interação, comunicação, a troca e alinhamento entre as várias áreas da empresa. Estamos vivendo uma era de mudanças cada vez mais aceleradas. Promover diálogos, criar espaços para a escuta e conhecer quem são as pessoas que atuam na organização de forma constante é essencial para ajudar a rever e traçar novos desenhos de processos, planos de ação, definições estruturais, para que haja o engajamento desejado.

Não designers podem estar engajados em gerar novas ideias e insights mesmo que não estejam dedicados à atividade core da organização?

Evandro

Quando temos nossas ideias e nossa voz é ignorada, experienciamos uma ameaça da nossa própria identidade, resultando geralmente em um estado de isolamento, dando espaço a um sentimento de não pertencimento. Nossa reação tende a ser parar de se importar, tanto pelo nosso trabalho quanto pelas pessoas ao nosso redor. A companhia deve incentivar a colaboração de todos nas atividades de geração de ideias, sempre provocando as pessoas para darem suas opiniões. Várias companhias fazem ações internas para estimular e promover um ambiente mais inovador. Faz muito sentido envolver os colaboradores, pois cada indivíduo terá sua percepção, necessidade, desejos, e uma experiência profissional única. Um ambiente que propicia a inovação investe em

> **A companhia deve incentivar a colaboração de todos nas atividades de geração de ideias, sempre provocando as pessoas para darem suas opiniões.**

diversificação e colaboração de pessoas. A diversificação tem grande importância e não se restringe somente a ter diferentes áreas da empresa envolvidas, mas também é necessário diversificar no lado humano, referente a cor, classe social, identidade de gênero, raça e crenças. Tal diversidade resulta como diferencial competitivo alavancando os índices dos resultados obtidos

Luciana

Não só podem como devem. Cada vez mais fica claro que os problemas não podem ser resolvidos sozinhos, nem por uma pessoa, nem somente por um setor da organização, nem somente por um perfil profissional. Em uma empresa, todos os setores estão conectados, as decisões tomadas todos os dias estão relacionadas e vão influenciar no resultado. Pensando nesse contexto, por que somente os designers podem gerar novas ideias? A multidisciplinaridade e a diversidade trazem dinamismo e acrescentam perspectivas que podem ampliar a atuação da organização. Esse é o ponto: o pensamento do design e suas metodologias podem orientar a geração de novas ideias com direcionamento e propósito e de forma estruturada. O envolvimento de pessoas da área meio de uma organização, participando desse processo de geração de ideias, e tendo espaço para compartilhar *insights*, criando um senso de pertencimento que vai além das entregas diárias, pode tornar times mais engajados.

Como o engajamento para a geração de novas ideias pode provocar mudanças profundas na organização?

Evandro

Pessoas que contribuem com novas ideias cultivam o sentimento de pertencimento. Assim, fizeram parte da construção ou melhoria de algo já existente através da colaboração com outros indivíduos do grupo. Isto geralmente ocorre em um ambiente que favorece a colaboração, levando a um cenário de constantes inovações, já que estas ideias foram geradas, priorizadas e implementadas. Com um time engajado, imerso em um ambiente seguro, confiante para contribuir com opiniões e colaborar entre si, contando com o suporte ferramental necessário, a implementação destas ideias deve resultar em vantagem competitiva no mercado e possivelmente toda uma mudança de *mindset* cultural corporativo.

Luciana

Vamos imaginar o seguinte cenário: uma organização em que as pessoas estão desengajadas, por vários fatores, não tem espaço para dar sugestões de ideias, existe um microgerenciamento da liderança, mantendo o time sempre tenso e com a sensação de que não confiam no trabalho que está sendo feito, estão insatisfeitas, sem autonomia, reconhecimento, etc. Faço outra reflexão: é possível um time assim gerar novas ideias? Sem novas ideias, como haverá mudanças em uma organização? Mudanças só acontecem em ambientes abertos para que elas aconteçam.

Pessoas que contribuem com novas ideias cultivam o sentimento de pertencimento.

Qual é o risco de não ter um time engajado em buscar soluções inovadoras?

Luciana

O risco é que será mais difícil sobreviver pela alta competitividade do mercado, em qualquer área de atuação. A organização que não inovar vai estagnar. Imagine o resultado de buscarmos soluções inovadoras com as pessoas que mais conhecem os problemas e os clientes? Trazer soluções inovadoras para a organização envolve riscos, já que estamos falando em mudanças. É fundamental ter um time engajado não somente em ter ideias para colocá-las em prática, mas também para aprender e corrigir rapidamente caso necessário.

Quais os principais benefícios de criar e estimular o engajamento na produção de ideias e insights dentro de uma organização?

Luciana

Um dos principais benefícios é ter maior diversidade de pensamentos e experiências sendo compartilhados, reforçando a cultura de inovação. Quanto mais engajadas as pessoas estiverem para compartilhar ideias, mais facilmente os problemas poderão ser resolvidos — dos mais simples aos mais complexos. Além disso, quando temos um time que se sente parte do que está sendo desenvolvido, estimulado a compartilhar ideias e *insights* de forma constante, deixando de ser uma exceção e virando uma regra, em algum momento isso tudo vai gerar automotivação. Para a organização de forma geral, os ganhos são a possibilidade de se diferenciar em um mercado cada vez mais competitivo, o ganho de produtividade e o aumento no lucro. Para as pessoas, o aumento da confiança, aprimoramento de habilidades mentais e aprendizado. É bom lembrar que faz parte desse estímulo de produção de ideias ter um plano estratégico do que fazer com elas — gerar ideias somente por gerar não leva a resultados. É preciso ter ação e colocar em prática, aumentando ainda mais o engajamento do time.

CASE: EVENTO COLABORA!
DESIGN, PESSOAS E EXPERIÊNCIAS

O que é? Em meados de 2011, um tempo em que a equipe de design do CESAR era composta de mais ou menos 20 designers — bem menor que a atual, em média 150 designers -, alguns dos profissionais que já estavam hámais tempo na organização e com a ideia de trabalho colaborativo mais latente iniciaram a integrar melhor o time. Sentiram essa necessidade porque percebiam que estávamos indo por um caminho de formação de silos, de poucas trocas, um claro reflexo de desengajamento. Além disso, sentíamos a necessidade de falar mais sobre design, trazer o design para dentro da empresa. Há 10 anos, a importância que o design tinha para as organizações de uma forma geral era menor pela falta de conhecimento, mesmo. Diante desse contexto, foi criado, por iniciativa do time de design, o que chamamos de *Semana do Design do CESAR*, atrelado ao dia 5 de novembro, Dia Nacional do Design e aniversário de Aloísio Magalhães, um dos grandes nomes do design. O que queríamos mesmo era o time trabalhando para um propósito comum. Deu tão certo que começamos a repetir o evento todos os anos. A partir de 2017, o engajamento do time era tanto que ele ganhou nome e identidade: se transformou no *Colabora!*.

Como foi o processo?

A iniciativa desde o começo foi criada de forma autônoma pelo time de design e com espaço na instituição para que acontecesse. Já no começo percebemos dois pontos importantes para o engajamento das pessoas: autonomia e espaço para experimentação. Para que o evento se realize, tomamos decisões de forma colaborativa em todo o processo. No pré-evento, onde a formatação do evento acontece, definimos juntos o tema, escolha de data, horário, levantamento de lista de tarefas, definição de convidados e criação de identidade visual. Fazemos reuniões abertas semanais para quem quiser participar. Vale ressaltar que dividimos o tempo com nossas demandas de projetos. Por exemplo, quando alguém que esteja com uma tarefa, dentre as tantas que definimos para concretizar o evento, não consegue dar continuidade ao projeto, por conta do dia a dia, outra pessoa pode dar sequência e concluir a tarefa. Além disso, para os designers, o *Colabora!* é um espaço para **experimentação** de metodologias, e desenvolvimento de **competências** teóricas e práticas.

Resultados obtidos:

Em 2022, realizamos a quinta edição do *Colabora!*. As pessoas estavam na expectativa e ansiosas, pois era nosso primeiro evento pós-pandemia e híbrido. Mesmo assim, o time se engajou. É uma iniciativa tão forte que ganhou novos colaboradores, pessoas com pouco tempo de CESAR já dispostas a ajudar, mesmo sem ter vivenciado a experiência. Como resultado de todos esses anos de evento, recebemos o apoio de investimento do CESAR como parte do planejamento para termos uma organização mais *design-driven*.

Você deve estar se perguntando: *por que todo esse engajamento? Como vocês conseguem?* O *Colabora!* gera um senso de pertencimento incrível. É o nosso espaço de criação e experimentação, com acolhimento de ideias e insights. Existe uma integração maior das pessoas que estão envolvidas na realização do evento. São pessoas que atuam em projetos diferentes e se sentem mais seguras para tomar qualquer outro tipo de iniciativa depois que o evento acaba. Percebemos um aumento no número de encontros que realizamos internamente chamado *Café com Design*, para troca de conhecimento, puxados por pessoas que atuaram no *Colabora!*. Esse clima gerado pelo evento acaba afetando positivamente o restante do time. É um momento de grande aprendizado onde certas competências vão sendo desenvolvidas organicamente, como proatividade, visão holística, comunicação, cooperação, criatividade e pensamento crítico. A organização ganha pessoas mais satisfeitas, com um fortalecimento da cultura para dentro e fora, com aproximação entre as áreas — suporte, capital humano, operações, marketing, infraestrutura, financeiro -, ações de sustentabilidade prototipadas durante o evento, e conhecimento teórico e prático desenvolvidos pelas atividades. Isso se chama engajamento. É envolvimento com propósito. Temos algo a fazer em comum.

CAPÍTULO 11

DISPOSIÇÃO E DETERMINAÇÃO

Dja • Ronaldo Buarque • Welton L. Santos

Não existe uma fórmula mágica para motivar uma equipe, já que trabalhamos com pessoas que possuem uma maneira muito particular de interpretar o que está acontecendo ao seu redor. O amadurecimento digital vem forçando empresas a repensar sua forma de trabalho e quais os melhores caminhos para uma coordenação mais humana. O agravamento da pandemia de Covid-19 em 2020, quebrando vários paradigmas, trouxe normalidade a aspectos que antes não eram tão comuns, como, por exemplo, o trabalho remoto. Com o surgimento desse novo modelo de trabalho, a gestão de pessoas e recursos teve de se adequar rapidamente a esse novo cenário. Mais uma vez, a disposição e determinação da equipe tiveram um papel importante na construção desse novo universo.

Entender como manter uma equipe disposta e motivada é um trabalho que exige um comprometimento por parte da organização, principalmente para as empresas que planejam um crescimento a médio e longo prazo.

Sem a presença desses elementos fica insustentável pensar em um cenário de sucesso, principalmente quando nossos produtos dependem da criatividade de nossos colaboradores. Quando a criatividade é a força motriz da organização, ter um time disposto e determinado pode ser a chave para o sucesso. Pessoas motivadas são sinônimo de entregas de alto valor para o cliente, que contribuem diretamente com a qualidade do produto ofertado. Uma organização que deseja se manter à frente, criando soluções inovadoras, precisa de fato criar um ecossistema favorável. Pessoas com alto nível de engajamento e motivação em suas organizações tendem a ser mais comunicativas, ter maior interação com a equipe e, consequentemente, se sentem mais seguras para sugerir novas ideias. Em uma organização onde as pessoas estão felizes, seus clientes também estarão felizes.

Hoje, o que mais se espera de uma organização é a velocidade com que ela consegue responder a eventos não mapeados. Exemplo: após apenas 30 km rodados, meu carro que passei anos pensando em como comprá-lo acaba de me deixar na mão. É fato que para esta pessoa a compra de um carro é muito mais do que uma compra de um produto — é a realização de um sonho. Surge a grande pergunta: como conseguir restaurar o sonho dessa pessoa e ainda fidelizá-la à minha marca? A resposta pode parecer óbvia, e a primeira resposta que pode vir à mente seria: "Vamos trocar o carro!". Essa poderia ser a maneira mais rápida para alcançarmos a solução desse problema, mas a troca do veículo não garante a fidelização do cliente sem que o pós-venda atue entendendo o problema, descobrindo o melhor caminho e aplicando a melhor solução. Ter uma equipe engajada para resolver o problema do cliente pode ser a chave para que esse problema se torne uma ótima oportunidade de fidelizar o cliente à marca.

Outro benefício de se ter pessoas motivadas e determinadas em uma organização é o ganho de produtividade. Devido ao engajamento que decorre da motivação, tarefas do cotidiano são finalizadas de maneira muito mais rápida e com alto nível de qualidade. Pessoas que possuem um papel muito bem estruturado dentro de uma organização raramente terão dificuldades em conseguir entender como seu trabalho contribui para o crescimento organizacional e como a não realização do mesmo, ou entregas de baixa qualidade, têm um impacto negativo que pode afetar a saúde organizacional em um curto espaço de tempo. A empresa que tem pessoas felizes com seus cargos, que são estimuladas constantemente e que proporcionam a elas um ambiente seguro e acolhedor, não está apenas garantindo um espaço físico agradável: está dando aos seus colaboradores a chance de terem ideias realmente inovadoras que podem gerar valor e segurança ao negócio durante um bom tempo.

COMO USAR DISPOSIÇÃO E DETERMINAÇÃO DAS PESSOAS PARA ALCANÇAR OS OBJETIVOS DE NEGÓCIO?

Ronaldo

Inovar tem sido uma necessidade latente para se manter vivo no mercado — e com isso o design vem ganhando protagonismo dentro das organizações. Ao assumir esse novo patamar, o design traz consigo a oportunidade de contestar ideias prontas, motivando pessoas a cuidarem de pessoas, através de soluções centradas no uso e na satisfação dos usuários. Dessa forma, contribui para a empresa se manter sempre na vanguarda, alavancando resultados impulsionados pela inovação constante.

Qual a ligação do design com a disposição e a determinação?

Ronaldo

O fator sucesso dos projetos não vem acompanhado de um manual de instruções a ser seguido e muito menos com um *pó de pirlimpimpim* que transforma problemas complexos em soluções simples e agradáveis ao uso. O sucesso dos projetos está na capacidade de gerenciar e motivar pessoas em torno de um problema a ser resolvido. O grande desafio é: como promover uma integração para gerar comprometimento com os objetivos e transformá-los em senso comum? O design surge como uma poderosa ferramenta, capaz de unir pessoas de diferentes áreas gerando *insights* e debatendo percepções em um ambiente saudável para a exposição de ideias. Isso garante que pessoas sigam muito mais determinadas e engajadas a realizar entregas com muito mais valor e mais rapidamente. Dessa forma, o design age como um catalisador capaz de unir determinadas pessoas para gerar com muito mais assertividade soluções simples para problemas complexos.

Como a determinação e a disposição caminham juntas para a criação de valor em uma organização?

Ronaldo

Os valores de uma organização são as atitudes e comportamentos esperados de todos que compõem a organização. É de vital importância que todos os colaboradores conheçam, pratiquem e disseminem essa cultura, caso contrário será impossível gerar o comprometimento necessário para a vivência desses valores. A determinação e a disposição são aliadas nessa construção. Manter as pessoas engajadas e comprometidas na elaboração desses valores será um norte para ajudar a empresa como um todo — na tomada de decisão e como agir, independentemente do desafio apresentado. Isso permite que a empresa seja única ao se posicionar no mercado. São esses valores que irão servir de bússola para a empresa alcançar seus objetivos, que exigem dela muita determinação, para se manter firme, e disposição para aplicar os valores preestabelecidos na resolução de problemas.

O que a disposição e determinação representam para a inovação através do design?

Ronaldo

O design vem assumindo cada vez mais um papel estratégico dentro das empresas — e ter um time de designers motivados pode ser um grande diferencial na hora de inovar. Através do design as empresas conseguem oferecer uma experiência cada vez melhor ao usuário. Investir em inovação é a forma que as empresas têm de criar um verdadeiro diferencial competitivo e se manter na vanguarda, atraindo os holofotes do mercado para si. Uma grande vantagem de se pensar na inovação através do design é a maior integração entre as equipes que compõem a organização. Nada de *cada um em seu quadrado*! Dessa forma, todo pensamento em inovação estará girando em torno do mesmo *mindset*: desenvolver uma experiência exclusiva e que traga satisfação de uso para os clientes. Ou seja, toda a empresa fica determinada a encontrar a melhor resposta, pensar em ações estratégicas e não apenas os designers. Sendo assim, muitas vezes isso pode significar uma mudança cultural que promove mais colaboração e flexibilidade.

Como encarar o desafio de manter dispostas as pessoas da minha organização?

Dja

O desafio de tornar todos os times autônomos e com os olhares aguçados para resolução de problemas pode ser árduo para ser implementado, mas certamente trará rápidos benefícios, como agilidade e capacidade de entender, estudar, propor e implementar soluções para os mais variados tipos de problemas e impedimentos que surgirem dentro dos times — ou das próprias instituições. Esse tipo de postura também deixa clara a relação de confiança entre ambas as partes, fazendo com que os colaboradores entendam o valor de sua participação nas tomadas de decisões e, consecutivamente, fazendo com que os mesmos sintam parte essencial do time.

Como incluir a determinação e a disposição como um ponto importante da cultura da organização?

Dja

Para obter o melhor de cada time, as empresas precisam deixar clara a importância da participação de todos os colaboradores nas tomadas de decisões, tanto nos projetos internos quanto em consultas para novos alinhamentos dentro das organizações. Parece óbvio, mas os times já estão comprometidos com suas atividades padrão. O ato de adicionar autonomia faz com que todos os integrantes se sintam protagonistas, trazendo para a primeira pessoa o olhar cuidadoso para problemas internos; as iniciativas de entendimentos desses problemas, os transformando em desafios, propondo a iniciativa de união de forças para levantamento de propostas de soluções, suas implementações e acompanhamento de todas as etapas presentes e futuras. Esse primeiro ato pode ser o início de uma mudança de *mindset* com capacidade de ser escalada para toda a organização, disseminando a cultura de times determinados por solucionar dores e utilizar essas conquistas como combustível para fomentar novos *squads* dispostos a resolver novos problemas e disseminar a nova cultura interna. Esse livro que você está lendo é um ótimo exemplo de times envolvidos e determinados em ajudar e disseminar conhecimentos.

Quais são os fatores importantes onde o design e seus processos podem contribuir para que a organização tenha pessoas mais dispostas e determinadas?

Dja

Não existem fórmulas prontas de passos a serem seguidos dentro do *design thinking*. Pelo fato do design ser uma área que também tem o foco em entender dores para propor soluções de problemas, basta direcionar o olhar para dentro da(s) própria(s) equipe(s) e, de forma adaptável, usar ferramentas e processos para compreender quais pontos serão levantados, ponderados e trabalhados nesses processos. Cada organização, projeto, time ou indivíduo possuem características únicas. A primeira missão do design é trazer esses núcleos para perto e compreender cada expectativa e necessidades de forma individual. É o equivalente ao entendimento dos usuários e suas dores fazendo uso de várias ferramentas do *design thinking:* pesquisas quantitativas e qualitativas, entendimento do negócio, criação de personas, matriz CSD, *jobs to be done* e etc.

Como a minha organização pode criar um ambiente que estimula a determinação e a disposição e manter um espírito de união?

Dja

Os resultados finais dos processos comentados anteriormente — ou os entregáveis — podem ser reformulações estruturais, hierárquicas e processuais com o objetivo de agilizar processos e otimizar tomadas de decisões individuais ou coletivas. É correto afirmar que o protagonismo individual tende a gerar times mais autônomos e determinados a agirem de forma ativa diante de novos desafios, sejam eles de origem interna, externa ou projetuais. Implementar novos processos não significa que

> **O design vem assumindo cada vez mais um papel estratégico dentro das empresas – e ter um time de designers motivados pode ser um grande diferencial na hora de inovar.**

o trabalho foi concluído com sucesso. É preciso manter acompanhamentos periódicos em todos os pontos ajustados após a reformulação para sempre certificar os níveis funcionais em todos os pontos de implementação. Esse ritual faz com que diferentes times dentro de uma organização possam interagir entre si e perceber que não existe um time de desenvolvedores, qualidade ou de design isolado. Um time deve ser algo único, que trabalha junto em prol de um todo.

Como um time determinado pode ajudar a minha organização a se manter na vanguarda?

Welton

Quando falamos em determinação, falamos de pessoas como protagonistas. São profissionais que abraçam novas iniciativas e atitudes que impactam eventos e pessoas à sua volta, obtendo total controle de sua carreira, diferente de um coadjuvante — pessoas que apenas cumprem suas funções e esperam que sua carreira avance para outro nível sem esforços e dedicação extra. Empoderar pessoas não é fácil: exige boas lideranças que provoquem e eduquem como protagonistas dentro do ambiente em que estão inseridos, mostrando seu papel e sua importância na organização. Liderar pessoas também não é fácil, pois cada pessoa ou indivíduo possui bagagem cultural e social — e isso é o mais incrível: a pluralidade de gênero e cultura dentro da organização para empoderar pessoas e criar novos líderes para manter a organização na vanguarda.

Como a determinação vai impactar no futuro do negócio da minha organização?

Welton

Ter uma visão de onde se quer chegar no futuro é o caminho mais fácil, mas isso não significa que esses objetivos irão impactar pessoas e organização, tudo leva um certo tempo. Quando falamos em determinação, falamos de pessoas capazes de fazer a diferença no contexto que elas estão inseridas dentro da organização que fazem parte. O CESAR vem trabalhando fortemente esse e demais conceitos para melhorar cada vez mais. Sabemos que isso não ocorre do dia para a noite, leva tempo. É importante que as pessoas inseridas dentro da organização estejam ligadas aos princípios e valores da organização, para que pessoas impulsionem a inovação e ela impulsione os negócios, elevando a organização a um patamar de competitividade jamais visto. Para impulsionar pessoas temos que investir em capital humano: segurar e capacitar talentos através de plano de carreira, mentoria e ajuda de custo, entre outros fatores, nunca se esquecendo da saúde emocional do colaborador.

Como manter uma disposição que é comum no pensamento de design pode ajudar a minha organização a estar na vanguarda?

Welton

Energizar pessoas e mantê-las com disposição de aceitar cada vez mais desafios é um ponto muito sensível, pois cada colaborador pensa e age de acordo com sua cultura e contexto contemporâneo onde ele foi inserido. A disposição dos colaboradores é fundamental para podermos manter nossa organização na vanguarda: investir em cultura e capacitação, tornando a organização mais plural e competitiva. Grandes empresas, como Kodak, Blackberry, Nokia e Lumia deixaram de investir em pesquisa por serem gigantes no mercado. Não investir em pesquisa, cultura e capacitação de pessoas nos levará ao mesmo fracasso de grandes empresas que não investiram em inovação. Quando falamos em inovação, falamos de construir algo conjunto e participativo. A camada de negócio com visão de futuro nos dará a capacidade de projetar uma visão holística do que estamos querendo atingir. Combinando negócio e visão de processos de design podemos nos manter na vanguarda para seguirmos competitivos no mercado. Atualmente, grandes empresas aprenderam com erros passados de gigantes que dominaram o mercado por um bom tempo e, ao longo da trajetória, perderam, quebraram por não inovarem — um erro que o CESAR não comete.

Como a determinação e disposição necessárias para atuar em processos de design podem ter um impacto positivo para a sustentabilidade do meu negócio?

Welton

Ter um modelo de negócio enxuto facilita a sustentabilidade do negócio. Um *framework* de governança da inovação, que serve como diagnóstico estratégico, e uma boa gestão ajuda nas necessidades para atuar em processos de Design dentro da organização. O processo deverá ser estruturado e se conectar com os diferentes níveis estratégicos, táticos e operacionais da organização para podermos propor, cada vez mais, iniciativas concentradas de inovação. Existem diversas perguntas relacionadas à inovação que ainda não temos respostas. Isso é uma grande motivação ainda não solucionada, que nos leva a um cenário bastante desafiador para podermos nos manter em um mercado extremamente competitivo.

CASE: CESAR GO.IN (GOVERNANÇA DA INOVAÇÃO)

O Centro de Estudo e Sistemas Avançados do Recife, também conhecido por seu acrônimo CESAR, é um centro de pesquisa e inovação sem fins lucrativos com sede na cidade do Recife, e filiais em Sorocaba-SP, Curitiba-PR, Manaus-AM e tem se expandido cada vez mais. O CESAR vem aumentando seu portfólio e empresas impulsionadas. Existem diversos cases de sucesso que vão de processos educacionais, como CESAR School, à inovação na educação e formação de líderes, bootcamps, grandes empresas do mercado digital em diversos segmentos, até design de produtos e serviços.

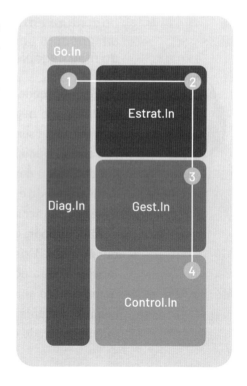

O *Go.In* pretende auxiliar uma grande indústria privada do setor elétrico a trilhar a sua jornada de inovação com mais foco, transparência e resultados para a empresa, alinhando as atividades internas de inovação aos seus objetivos estratégicos. O que move a governança da inovação é um processo estruturado que conecta os níveis estratégico, tático e operacional da empresa para iniciativas concentradas de inovação.

Uma das grandes motivações do *Go.In* (Governança da Inovação) é responder a questionamentos ainda sem respostas. É um dos motores que motiva a construção de um sistema de governança da inovação nas organizações. Eis as perguntas:

As iniciativas de **inovação** estão realmente contribuindo para atingir os objetivos estratégicos da empresa?

Como adequar o **portfólio de inovação** da empresa de acordo com suas **aspirações?**

Qual o processo mais apropriado para gerir as iniciativas de inovação?

Quais **métricas e KPIs** usar para acompanhar a evolução das iniciativas de inovação?

Quais critérios devem ser usados para **decisões de novos investimentos** ou desinvestimentos?

O *Go.In* é composto por quatro elementos articulados que dão suporte à organização, são eles:

DIAGNÓSTICO: Entendimento do estágio atual do tema inovação da corporação, com indicativo das áreas que precisam amadurecer.

ESTRATÉGIA: Definição clara da estratégia (Tese da Inovação) que a corporação seguirá e por que, bem como o portfólio alvo de projetos de inovação que irá formar.

GESTÃO: estabelecimento do framework de gestão dos projetos de inovação e das métricas que serão utilizadas para acompanhar os projetos.

CONTROLE: Plataforma de coleta de dados e acompanhamento dos projetos de inovação para geração de indicadores e gestão do portfólio de projetos.

O projeto específico é no seguimento de centrais elétricas com foco nas indústrias do setor elétrico, líderes em geração e transmissão de energia elétrica no país e que contribuem para que a matriz energética brasileira seja uma das mais limpas e renováveis do mundo. Foram propostas algumas etapas de uma visão geral para aplicação do *Go.In*, que são:

SETUP: Apresentação do projeto aos stakeholders e agendamento dos workshops.

TESE DE INOVAÇÃO: Elaboração da tese de inovação com os eixos de investimento e suas justificativas para priorização.

PORTFÓLIO: Elaboração de um portfólio alvo que abranja todas as atividades de inovação da organização.

FRAMEWORK: Criação e adaptação dos frameworks já utilizados pela organização para concretizar uma visão unificada de suas atividades.

CONTABILIDADE DA INOVAÇÃO: Definição de métricas para acompanhamento dos projetos e evolução do portfólio de projetos.

O *Go.In* entrou para estruturar iniciativas de inovação dentro de Furnas. A Eletrobras sentiu a necessidade de investir em inovação. O CESAR possui profissionais capacitados para cuidar da gestão de inovação de curto, médio e longo prazo, produzindo iniciativas internas e externas. Foram criadas métricas baseadas em horizontes 1, 2 e 3 em termos de investimentos que deveriam ser focados. Com a proposta do CESAR, passaram a ter um framework único, pois foi identificado que, internamente, existiam diversos processos rodando em paralelo. Foi identificada, assim, a necessidade de executar apenas um *framework* — o *Go.In* -, independente das iniciativas do cliente.

Com isso, a proposta do CESAR foi mostrar como indústrias do setor elétrico podem ter autonomia interna para selecionar membros e montar equipes pontuais, plenamente capacitadas para prever, avaliar e implementar resoluções específicas para possíveis problemas.

CAPÍTULO 12

ATITUDE QUESTIONADORA

Giulia Barros • Thayssa Lacerda

Quando falamos em inovação, dentro de um time multidisciplinar, estamos lidando com diferentes perspectivas sobre um mesmo contexto de problema a ser resolvido ou oportunidade de solução. Normalmente, de um lado temos uma demanda solicitada pelo cliente, que possui a expertise sobre o negócio e o mercado que envolve a demanda. Do outro lado, temos o time técnico formado por profissionais com visões aprofundadas de diferentes áreas, onde basicamente temos: *Devs* que, entre outras coisas, trarão questões de viabilidade técnica, arquitetura do sistema e complexidade de desenvolvimento × tempo disponível; *Q&As* que podem levantar pontos sobre cenários alternativos e de erro, fluxos de uso e cenários de teste para garantir a qualidade da solução; e *designers* que estão focados em buscar soluções centradas nas características dos usuários, suas dores e necessidades, além da visão dos demais *stakeholders*.

Vale ressaltar que cada projeto pode trazer diferentes perfis técnicos, dependendo de sua particularidade. Dentro dessa diversidade de pontos de vista, para que os processos funcionem, uma das peças fundamentais é a boa comunicação, que envolve levantar questionamentos, buscando sempre o entendimento sobre contexto, expectativas e objetivos a serem atingidos. Para atingir a boa comunicação, é muito comum que existam momentos dentro de processos ágeis ou de design com esse propósito, como *workshops* de alinhamentos, *daily meetings*, refinamentos, validação de entregas parciais e etc. Nesses momentos, são levantados questionamentos necessários para garantir uma boa entrega e, acima de tudo, que o problema seja resolvido, entregando valor para quem irá utilizar a solução e rentabilidade para o negócio.

Neste capítulo iremos tratar da importância de se levantar questionamentos dentro desses processos, como um meio de alinhar as diferentes perspectivas em um contexto multidisciplinar e de levantar reflexões importantes a partir das descobertas feitas em cada etapa do processo de desenvolvimento de soluções inovadoras. Tudo isso para manter o engajamento e confiança do time e dos *stakeholders* na busca pela melhor solução, considerando as limitações e oportunidades descobertas.

COMO MANTER UMA ATITUDE QUESTIONADORA PODE AJUDAR O SEU PROJETO A SER UM SUCESSO?

Uma atitude questionadora ajuda a entender as diferentes perspectivas e a ter uma visão mais holística dentro de um projeto multidisciplinar. Desta forma, é possível levantar riscos, alinhar expectativas e objetivos entre todos os envolvidos e evitar retrabalhos. Buscar ser um profissional com essa atitude, respeitando as boas práticas de comunicação e gestão da informação, é essencial para contribuir com o sucesso do projeto, pois desta forma é possível melhorar a qualidade e a celeridade do que está sendo entregue, trazendo diferenciais importantes dentro do dinâmico contexto em que se encontra o mercado de tecnologia hoje.

Por que a atitude questionadora é parte importante da personalidade de um bom designer?

Giulia

Designers são responsáveis por liderar o processo de inovação e investigação (*discovery*) dentro de um projeto. Designers questionadores geram novas soluções e detectam problemáticas pensando no futuro ou em como melhorar determinado serviço ou artefato. Projetar é sempre pensar no que o futuro poderá ser, ou determinados cenários que podem ocorrer. Além de sempre estimular a melhoria contínua do produto/serviço, essa prática questiona o *status quo* e traz indagações que levam à geração de uma nova alternativa e, possivelmente, uma inovação. Permitir o questionamento ajuda a projetar cenários e tentar antevê-los. Além de todos esses pontos, as consequências de uma atitude questionadora evita erros e gastos de matéria-prima, seguindo os preceitos defendidos por Papanek (1971): *qual problema realmente importa ser resolvido?*

Thayssa

Quando pensamos em todos os processos de design com abordagem centrada em usuários conhecidos na comunidade, geralmente encontramos como primeira entrada algo como *"Entendimento do problema"*, *"Imersão"* ou *"Empatizar"*. Ao projetar soluções, designers precisam estar em busca do entendimento sobre o problema a ser resolvido e quem são as pessoas impactadas durante todo o processo. Os profissionais da área precisam comunicar estratégias e descobertas com os *stakeholders*, para manter todos engajados e cientes do processo. Dentro dessa realidade, será comum lidar com questionamentos, tanto os que levantamos, quanto os que são direcionados a nós.

Qual o limite para questionamentos dentro do desenvolvimento de um projeto, produto ou serviço?

Giulia

É importante favorecer a abertura das pessoas envolvidas no projeto (time e *stakeholders*) em receber opinião. Com isso em mente, aumenta o nível de entrosamento e abertura para ter a liberdade de questionar sem maiores julgamentos. O fator tempo também é um ponto que pode limitar questionamentos: não ter tempo para refletir, parar para pensar no que se está sendo feito... Às vezes, o tempo de projeto é tão curto que acaba não havendo momentos para reflexão, somente para ação. A relação do tempo também está diretamente relacionada ao orçamento. Uma vez que *"tempo é dinheiro"*, um projeto com tempo curto para execução não proporciona tais momentos de reflexão das atividades e processos executados.

Thayssa

Questionamentos são bem-vindos e não há limites para eles — são boas práticas a serem seguidas. É importante considerar questões como a forma de se comunicar e como as informações são compartilhadas dentro de um projeto, principalmente depois da disseminação do trabalho remoto pós-pandemia de Covid-19. Se os questionamentos forem feitos de forma clara, utilizando uma comunicação não violenta e, ao mesmo tempo, garantindo fácil acesso a tudo que já foi respondido e alinhado, mantendo uma boa comunicação assíncrona, não haverão reuniões desnecessárias para tratar questões já resolvidas ou gerar mal-entendido, por exemplo. Além disso, é importante considerar responder algumas questões: será que deveríamos priorizar questões que não serão tratadas agora? Essa questão impacta no que está sendo desenvolvido agora ou no que será desenvolvido nas próximas entregas? Quem são as pessoas que saberiam responder isso? Quais frentes a resposta para minha pergunta pode impactar?

Como o meu projeto, produto ou serviço pode se beneficiar quando pessoas de todos os perfis mostram uma atitude questionadora adequada?

Giulia

Se beneficiam de novas ideias e soluções para problemas antigos, antes sempre solucionados da mesma maneira. Com entrosamento e alinhamento do time em busca do mesmo objetivo, em um ambiente seguro para o compartilhamento de ideias, deixando todos com o mesmo sentimento de pertencimento.

Thayssa

Quando as pessoas dentro de um projeto têm uma postura questionadora, aumenta a possibilidade de percepção de todas as camadas que envolvem o processo de desenvolvimento, em curto, médio e até a longo prazo. Quando pessoas de diferentes perfis realizam essa troca, questionar e se alinhar com o time, essa percepção aumenta ainda mais. Dessa forma, é possível não apenas fazer com que o processo de desenvolvimento flua melhor, mas também pode atribuir diferenciais de valor e experiência de uso para a solução — ou seja, todo mundo sai ganhando.

COMO TER UMA ATITUDE ABERTA A QUESTIONAMENTO PODE MANTER O MEU TIME ENGAJADO?

Estar aberto ao questionamento é entender que cada pessoa envolvida pode trazer contribuições valiosas para a solução, produto ou serviço que será desenvolvido pelo time, independente de sua área de atuação ou nível de senioridade. Essa abertura é essencial para se trabalhar em time, especialmente times multidisciplinares. Dentre os diversos benefícios dessa prática, alguns já citados neste capítulo, está o engajamento do time. Isso acontece porque um time bem alinhado, participativo e que se comunica bem possui maior senso de propriedade em relação à solução e confiança sobre as estratégias e decisões tomadas.

Como incluir e incentivar a atitude questionadora pode influenciar a minha organização?

Giulia

Incentivar a atitude questionadora dentro de uma organização pode influenciar em um ambiente mais aberto para novidades, geração de inovação e constante mudança.

Thayssa

Da mesma forma como ocorre internamente nos projetos, quando falamos de atitude questionadora em nível organizacional os benefícios são similares. Quando uma organização estimula e incentiva uma postura mais questionadora de seus colaboradores, ela alinha expectativas, metas, visão e missão. Os colaboradores se sentem mais inseridos na tomada de decisão e estratégias organizacionais, influenciando assim no engajamento e qualidade de relacionamento, tendo uma visão de diferentes perspectivas em todos os setores que compõem a organização.

Como os processos de design podem ajudar o time a desenvolver uma atitude questionadora na medida certa entre os processos da minha organização?

Giulia

Meu primeiro pensamento vai para a etapa de geração de alternativas, estímulo da criatividade e seus respectivos métodos e ferramentas. Utilizamos a prototipação para pensar e detalhar cenários, e em como resolver os possíveis problemas que aparecem a cada ideia. Momento de troca de conhecimento com pessoas de vários *backgrounds* mediados/facilitados por designers, entrando em profundidade nos problemas e gerando a atitude questionadora em todos que circundam aquela determinada problemática.

Thayssa

Em todos os processos de design com abordagem centrada em usuário conhecidos na comunidade, vemos como primeira entrada algo como *"Entendimento do problema"*, *"Imersão"* ou *"Empatizar"*, por exemplo. É preciso trabalhar a importância de imergir no contexto do problema que queremos resolver. Nesse processo, além de pesquisas, é preciso que o time assuma uma postura bastante questionadora para entender se o problema está bem entendido e explorado e principalmente se aquele é mesmo o problema que deveria ser atacado. Será proposta uma solução que realmente traga valor e resolva um problema relevante das pessoas que irão utilizá-la? Nas etapas seguintes, os questionamentos continuam. Hipóteses que precisam ser validadas ou refutadas, usabilidade que precisa ser testada, fluxos de funcionalidades que precisam ser aprovadas em relação à viabilidade técnica e complexidade de desenvolvimento. A comunicação entre os diferentes perfis precisa ser eficiente, e os questionamentos devem ser presentes e necessários.

Como a minha organização pode criar um ambiente que estimula a atitude questionadora adequada?

Giulia

É a criação de um ambiente seguro para falar o que vem em mente, sem precisar pensar muito na maneira de se comunicar ou portar. Criação de times para cuidar de determinado produto ou serviço — *squad* e verticais. Isso facilita a geração do ambiente seguro e mais intimidade com seus pares, além de diminuir burocracias e hierarquias para apresentar uma nova ideia.

Thayssa

Primeiramente, estimulando uma boa comunicação e um ambiente diverso. Quanto mais diverso o ambiente, mais variedade de perspectivas e experiências, e mais espaço para ter novas ideias e evoluir. Sem esquecer, é claro, de sempre incentivar o respeito e a transparência. Proporcionar um espaço para diálogo e estimular uma horizontalidade das relações interpessoais, além de também ouvir e apoiar iniciativas vindas de todas as áreas, potencializando trocas e a proatividade das pessoas.

POR QUE QUESTIONAR É IMPORTANTE PARA O MEU NEGÓCIO?

Para aguçar o olhar para o futuro. O que pode ser melhor nos processos internos? Quais parcerias são interessantes? Como podemos inovar em um mercado específico? O que queremos ser daqui 10 anos? São questionamentos comuns no contexto de uma organização, pois eles guiam o planejamento estratégico e irão começar a definir os caminhos para melhoria contínua nos resultados de negócio.

Como ter uma cultura que estimula a atitude questionadora das pessoas pode impactar no futuro do negócio da minha organização?

Giulia

Quando são geradas soluções para problemas, isso também gera, por consequência, possíveis novos negócios. Também é possível criar um modelo de negócio para gerar receita com a solução apresentada. Um ato de questionamento pode gerar uma solução inovadora que encante o cliente e pode impactar na segurança da organização, prolongando contratos, expandindo projetos, etc. Um questionamento pode acarretar em uma investigação que pode encontrar mais pontos de melhorias e gerar mais projetos e negócios para a organização. Receber mais sugestões e *feedbacks* de melhoria, além de possivelmente gerar novos modelos de receita e fidelizar clientes — tudo isso impacta no futuro.

Thayssa

Ao ter uma cultura que estimula a atitude questionadora das pessoas, a organização viabiliza um espaço de troca muito rico entre todos que a compõem, onde há espaço para refletir e propor de forma colaborativa, estimulando o sentimento de parceria com seus colaboradores e parceiros — ao contrário de ambientes que não permitem questionamento e trazem um ambiente de autoridade e pouca comunicação.

Qual a importância de difundir e aplicar questionamentos ao implementar processos para manter uma curva de crescimento da organização?

Giulia

Não acredito que exista uma forma correta de se questionar. Acredito que uma organização precisa fornecer um ambiente de trabalho com qualidades que estimulem o colaborador/designer a fazer questionamentos. Podem ser alinhados momentos adequados para se ter questionamentos, mas mesmo assim não se pode tolher o ato de questionar. Estimular a pessoa colaboradora a contribuir não somente no projeto que atua, mas na organização como um todo. Isso mostra que é possível que suas opiniões sejam ouvidas e, quem sabe, aplicadas para além do projeto em que atua, mas também para a empresa como um todo.

Thayssa

Quando se estimula as boas práticas de comunicação, isso reflete diretamente na saúde do ambiente, pois melhora aspectos como clareza na troca das informações, transparência, confiança e motivação das pessoas envolvidas — esses aspectos são muito importantes para estimular a inovação.

CASE: LENOVO — PESQUISA E EXPERIMENTAÇÃO PARA CONSTRUIR UMA TECNOLOGIA DE INCLUSÃO

Mais de 10 milhões de brasileiros possuem algum nível de deficiência auditiva. Segundo o último censo demográfico do IBGE, isso corresponde a 5% da população brasileira, sendo que 2,7 milhões de pessoas possuem surdez profunda. Recursos tecnológicos concebidos para um contexto de acessibilidade têm potencial para promover inclusão e interação dessas pessoas com espaços, experiências e outras pessoas. Assim como ferramentas de tradução *online*, que convertem automaticamente textos de uma língua para outra, seria possível desenvolver uma solução que realize a tradução simultânea de libras para o português e vice-versa? Com essa pergunta e o objetivo de tornar produtos e serviços mais acessíveis para usuários surdos, a Lenovo, multinacional de tecnologia, buscou o apoio do CESAR em 2019. Desde então, times formados por pessoas da área de engenharia de *software*, experiência de usuário, linguística e design do CESAR têm trabalhado em frentes de pesquisa de usuário e desenvolvimento de tecnologia de Inteligência Artificial, e chegaram a algumas alternativas de soluções que servirão de base para a construção de provas de conceito e de *MVPs* (mínimo produto viável). Apesar de serem ferramentas mais simples, a ideia é que já entreguem valor agora para a comunidade de surdos, com a possibilidade de gerarem aprendizado para, um dia, construir a almejada ferramenta de tradução simultânea português-libras.

Da solução para o problema

Tudo começou em uma rodada de conversas dentro da Lenovo. Uma desenvolvedora de *software* da empresa, fluente em libras e que atua como intérprete voluntária em seu tempo livre, falou sobre os desafios das pessoas surdas em usar dispositivos diversos — de caixas eletrônicos a aplicativos de comunicação. Surgiu daí a pergunta: *como fazer com que os produtos da empresa incorporem a inclusão de usuários surdos de forma ativa e não reativa?*

A Lenovo buscou o CESAR com o objetivo de desenvolver um *chat* em tempo real português-libras, que pudesse ser usado em canais digitais de comunicação. A empresa já apresentou, então, junto a um *mix* de expectativas, uma solução a ser construída. Essa solução ideal consiste em o usuário surdo efetuar os sinais para a câmera do dispositivo, e um algoritmo fará a tradução simultânea para outra pessoa, do outro lado, em texto. Entre os primeiros passos do projeto, os times entenderam que, apesar de ideal, a visão do chat em tempo real é um desafio tecnológico muito grande para se obter uma solução pronta logo de início. Na frente de Inteligência Artificial (IA), só a pesquisa e construção da base de dados sobre como identificar visualmente um sinal e traduzir para o português já é um projeto muito extenso e altamente complexo. Começaram, então, a direcionar o olhar para o problema.

A Lenovo apresentou ao CESAR quais as dificuldades uma pessoa surda poderia enfrentar ao buscar o suporte, e os pesquisadores ampliaram essa investigação para toda a jornada de compra e interação com o produto por um usuário surdo. Foram realizados grupos focais e pesquisas diversas com o público, além da consulta a especialistas em diversas camadas do processo. Com a tecnologia, começaram a trabalhar com soluções menores, menos complexas, mas que podem ajudar a vida do usuário surdo em momentos pontuais. Na frente de IA, estudaram como construir soluções por baixo da camada visual, ou seja, em vez de olhar e traduzir sinal a sinal, reconhecer as posições das mãos – o que gera uma base reduzida para entender o que está sendo falado em libras.

"Eu acho que no CESAR nós somos especialistas em aprender. Nesse projeto, aprendemos muito a explorar um problema que é quase inacessível: se você olha de longe, começa a se assustar. A gente aprendeu a quebrar o problema, de uma forma que a gente consegue entendê-lo, resolver e entregar valor ao longo de todo o trajeto. O importante é gerar passos intermediários e aprender com experimentação em ciclos cada vez menores, tanto sobre o público quanto sobre a tecnologia. É importante vislumbrar o próximo passo, não o topo da montanha" — Willian Grillo, designer de interação do CESAR.

Tecnologia e inclusão

Inclusão é palavra-chave que vem acompanhando todo o processo de desenvolvimento do projeto, e é prova da importância de times diversos para produzir tecnologia e inovação. CESAR e Lenovo encararam o desafio de construir uma solução que seja feita, de fato, por e para usuários surdos. Assim, além de testes exaustivos e consulta a especialistas, designers e engenheiros com deficiência auditiva foram integrados à equipe. Descobriram, entre outros pontos, que os momentos de maior dor para o usuário surdo ocorrem ao buscar informação e detalhes sobre o que comprar – o que resultou em algumas alternativas de solução. Apesar de ainda não existir uma previsão final para o término do projeto, o caminho agora é de tornar tangível todo o trabalho de pesquisa e experimentação em um produto. De um dicionário que permita busca através de libras a um chatbot que converse em libras, ainda é cedo para definir qual ferramenta específica será construída. Hoje, o projeto de pesquisa já é uma ponte para a inclusão.

"Internamente, o projeto tem altíssimo impacto: está no core da Lenovo fazer tecnologia mais inteligente para todos. Externamente, estamos sendo mais cautelosos, porque queremos entregar um produto pronto e que gere muito valor para o usuário. No fim do dia, a deficiência é nossa, porque eles conseguem conversar, a gente que não entende o idioma. Esse projeto vai além da missão da tecnologia" — Hildebrando Lima, Diretor de P&D da Lenovo no Brasil.

CAPÍTULO 13

OLHANDO PARA O MEU NEGÓCIO

Priscila Alcântara

Depois de passar por cada um dos pilares que este livro trata, ouvindo o que tantas pessoas de design têm a dizer e mergulhando em alguns cases que trouxemos, é natural que você tenha se perguntado, ou mesmo refletido em alguns momentos, a respeito do seu próprio trabalho; do trabalho do seu time, e o da sua companhia. Este capítulo propõe um mergulho no que tem sido realizado hoje pela sua organização. Talvez exija mais tempo do que os anteriores pois é um convite para uma autoanálise.

Estudos como os de Schweitzer, Jochen & Groeger, Lars & Sobel, Leanne (2016) mostram que empresas consideradas inovadoras utilizam abordagens de design — nos mesmos moldes do *design thinking*, por exemplo, mas não restrita à esta — no dia a dia de suas organizações. Esta forma de pensar e conduzir projetos incentiva uma atitude que promove a experimentação e impulsiona times e indivíduos a expandirem seus horizontes. Além disso, equipes com o pensamento de inovação pelo design são impelidas de maneira mais natural a buscarem novas oportunidades para a solução de problemas complexos. Esse padrão de comportamento guia organizações que são exemplos de inovação em setores como imobiliário, financeiro, cuidados com a saúde, seguros, para além da tecnologia da informação no mundo inteiro, ao propor novos processos, produtos e serviços — digitais ou não.

Temos certeza que, ao passar nas páginas deste livro pelas respostas de designers que já atuaram em diferentes processos de resolução de problemas, você deve ter notado também que não existe um processo linear ou receita que funcione para todos os tipos de desafios. Também deve ter percebido que quando uma organização tem uma liderança com características transformadoras, aberta à experimentação e disposta a estimular a contribuição dos times, é comum que se coloque em prática ferramentas, abordagens e métodos que tendem a aumentar as chances de bons resultados dos times de alta performance ou mesmo de levar as pessoas que estão com você, que ainda não atingiram rendimentos superiores, a um outro patamar em termos de negócios.

Colocando as coisas em perspectiva, às vezes tendemos a comparar todos os processos de entrega com a linha de produção de uma fábrica. Afinal, é assim que se entrega quase tudo em grande escala. Mas quando falamos do processo de inovação em uma organização *design-driven* focada na entrega de soluções, devemos lembrar que antes de escalar algo é preciso passar por uma fase de projeto, estudo e entendimento. Quando o assunto é pesquisa e desenvolvimento dentro das companhias de qualquer setor, este time não trabalha em linha de produção — suas entregas estão focadas em inovação e, só depois de avançar em experimentos, testes e entendimento, é que se passa para a fase de escala. Milhões de doses de uma medicação revolucionária não são fabricadas em escala antes de passar por várias fases de experimentação. Nem um carro novo, nem um processo de produção industrial. Se algo assim acontece, depois de pensar por alguns minutos fica claro que não deveria: por que se gastaria tanto dinheiro em um produto cujo resultado ainda é incerto? E se tudo der errado? Faz mais sentido aprender com o erro perdendo pouco tempo e dinheiro do que um investimento bem maior que seria necessário ao produzir milhares de produtos que não sabemos como serão recebidos. Sendo assim, uma analogia melhor do que a de um caminho único, como uma esteira de fábrica, para uma entrega inovadora excelente, temos algo que se parece mais com um espetáculo de música em sua apresentação de estreia.

Em um espetáculo assim, existem músicos rigorosamente selecionados para que ele aconteça. A composição e a curadoria geralmente passam por uma pessoa responsável pela condução da orquestra: um maestro ou maestrina que vai direcionar, incentivar e colaborar para que toda a equipe de músicas, músicos e de produção esteja empenhada em entregar um espetáculo com um resultado excepcional ao público. Existem pessoas com funções diferentes até mesmo do trabalho musical em si: figurino, iluminação, produção, cenografia. É provável que nem todas as pessoas envolvidas tenham o mesmo conhecimento sobre música do que quem conduz, ou participa diretamente da orquestra, tem. Mesmo assim, dificilmente essas pessoas não entendem absolutamente nada sobre o assunto ou do que se passará no espetáculo. Pense: com uma boa produção, boa iluminação, um teatro com boa acústica, é possível entregar um espetáculo com boa música sem alguém que conduza a produção musical? Talvez dê-se um jeito para que funcione: se você tem uma orquestra empenhada e bons instrumentos, ou mesmo um bom equipamento que reproduza música, é possível — não sem um grande esforço. Mas será que seguir esse processo sem alguém que entenda de música conduzindo é o melhor a fazer? Pode até pensar em entregar um solo, sem uma orquestra. Mas a experiência — com certeza — não será a mesma. Não há como ter uma boa orquestra, que entregue algo realmente bom, se a pessoa que rege a orquestra for *chef* de cozinha, não é verdade? E se o seu time entende mais sobre como executar um prato impecável para um restaurante estrela *Michelin* você provavelmente terá um bom jantar, mas dificilmente um bom espetáculo de música. *Chefs* de cozinha excelentes, com o mesmo grau de *expertise* de uma maestrina ou maestro incrível, mas em sua área de atuação, vão entregar pratos excepcionais. Mas sem o devido treinamento, sem conhecer os instrumentos, sem conhecer a orquestra, sem a ajuda de uma equipe especializada de produção e tantas outras variáveis, nunca conseguiriam entregar um espetáculo musical com uma (boa) experiência memorável.

Semelhante a um espetáculo de música em sua estreia entregue por uma orquestra bem regida, não há como entregar inovação pelo design de forma espetacular e ter uma organização *design-driven* sem designers, sem ter pessoas que entendam do processo de design e muito menos se as suas lideranças não entendem do assunto. Assim como *chefs* numa orquestra, no máximo, conseguiriam "reproduzir" algo já executado por especialistas. Se o seu time e a sua liderança não entendem de design e inovação, o que será feito é apenas "reproduzir" o que já foi realizado por outros. Quando pensamos assim fica fácil ver a influência desse pensamento na contratação de pessoas. Afinal, como é preciso validar o conhecimento em música para entrar numa orquestra, seria necessário validar o entendimento, a experiência ou a disposição de aprender quando se trata de inovação *design-driven*, logicamente. É preciso saber o papel de cada uma das pessoas na organização, nos processos, na formação dos times e tantas outras coisas que foram apresentadas neste livro até aqui.

Será que você está fazendo inovação guiada pelo design? Essa não é uma pergunta com resposta simples e nem é algo que podemos responder por você sem nos aprofundarmos em seu contexto. Se você concorda com o que leu até aqui, deve saber que é necessário um olhar atento e personalizado para o quadro geral da sua companhia para responder essa pergunta de uma maneira mais assertiva. Ainda assim, ao escrever esse livro pensamos em como podemos ajudar você que está lendo a identificar possíveis pontos que podem precisar de atenção na transformação da sua organização para a inovação através do design. Cada um dos pilares trazidos neste livro trará uma declaração. Logo em seguida, uma breve explicação do que esta frase quer dizer. Na sequência, você será questionado em que medida ela é uma verdade para a sua organização. Ao responder as perguntas a seguir, é importante agir com honestidade e pensar em situações e acontecimentos que justifiquem a sua resposta. Após cada uma delas, você tem um espaço para anotações e onde você pode iniciar o rascunho do seu plano de ação para melhorar nesse ponto, caso seja necessário.

EMPATIA E ALTERIDADE
A organização da qual eu faço parte tem um foco nas pessoas

Entendemos a tecnologia como um meio de resolver problemas reais das pessoas, não como fim. Sabemos que não somos os utilizadores finais para a nossa solução e não podemos assumir que a nossa verdade os representa. Temos o cuidado de não sobrecarregar quem está trabalhando no processo de desenvolvimento das soluções.

De 1 a 10, considerando que 10 significa "concordo fortemente", o quanto você concorda com este parágrafo em relação à sua organização?

Quais são as evidências da sua resposta?
Se a sua resposta foi igual ou menor do que 6, o que acredita que falta para que a organização em que você trabalha tenha mais empatia e alteridade?

COLABORAÇÃO E DIVERSIDADE

Na organização onde eu trabalho a colaboração e a diversidade são valorizadas

Os times são multidisciplinares e as diferenças são vistas como algo positivo. As pessoas são incentivadas a aprender com os outros e a colaboração é fácil. Pessoas com deficiência, de nacionalidades, naturalidade, formação religiosa, orientação sexual ou gêneros diferentes são igualmente respeitadas e têm as mesmas oportunidades.

De 1 a 10, considerando que 10 significa "concordo fortemente", o quanto você concorda com este parágrafo em relação à sua organização?

Quais são as evidências da sua resposta?

Se a sua resposta foi igual ou menor do que 6, o que poderia mudar na sua organização para que ela seja mais diversa e colaborativa?

ABERTURA PARA O NOVO

Na organização da qual eu faço parte as novas ideias são bem recebidas e consideradas, independente do setor ou área de onde surjam

As pessoas têm liberdade para trabalhar em novas ideias, demonstram interesse e disposição em realizar mudanças e se adaptar. A organização vê com bons olhos quando alguém trabalha uma ideia nova, ainda que não faça parte das suas atribuições formais do dia a dia.

De 1 a 10, considerando que 10 significa "concordo fortemente", o quanto você concorda com este parágrafo em relação à sua organização?

Quais são as evidências da sua resposta?

Se a sua resposta foi igual ou menor do que 6, o que faria com que a sua organização fosse mais aberta para o novo?

CONHECIMENTO DO PROCESSO DE DESIGN

As pessoas da nossa organização entendem o impacto e a importância do processo de design no trabalho delas

Todos os indivíduos conhecem o processo de design e sabem da importância dele para a inovação em nossa organização. As lideranças entendem a pessoa de design como facilitadora no processo de inovação, entendem o seu papel estratégico e incentivam todos no time a colaborar nesse sentido.

De 1 a 10, considerando que 10 significa "concordo fortemente", o quanto você concorda com este parágrafo em relação à sua organização?

Quais são as evidências da sua resposta?

Se a sua resposta foi igual ou menor do que 6, o que poderia mudar na sua organização para que as pessoas conheçam e apliquem processos de design independente da sua atuação?

CULTURA DE EXPERIMENTAÇÃO

Independente de onde as pessoas atuem na organização da qual eu faço parte, todas têm oportunidade de participar de projetos inovadores executando experimentos, exploração de problemas e validação de soluções

Existe incentivo por parte da liderança para que as pessoas possam efetuar experimentos, as pessoas têm acesso a ferramentas adequadas e sabem que isso é esperado de todas as pessoas, embora possam contar com o auxílio de alguém de design como facilitador, caso necessário.

De 1 a 10, considerando que 10 significa "concordo fortemente", o quanto você concorda com este parágrafo em relação à sua organização?

Quais são as evidências da sua resposta?

Se a sua resposta foi igual ou menor do que 6, qual a postura que a sua organização precisa assumir para que a cultura de experimentação seja uma realidade?

ORIENTAÇÃO PARA A AUTONOMIA

Em nossa organização as pessoas são incentivadas a levar suas ideias adiante. As pessoas sabem que se espera uma atitude proativa de cada uma delas

As pessoas têm liberdade e autonomia na organização. Isso é incentivado e esperado pela liderança e vale para todo mundo. Não se espera que todos façam as coisas sempre de uma forma específica e nem que alguém esteja sempre lhe dizendo o que fazer.

De 1 a 10, considerando que 10 significa "concordo fortemente", o quanto você concorda com este parágrafo em relação à sua organização?

Quais são as evidências da sua resposta?

Se a sua resposta foi igual ou menor do que 6, o que faria com que as pessoas sejam mais autônomas na sua organização?

CRIATIVIDADE CONSCIENTE

Em nossa organização as pessoas sabem que criatividade é algo que pode ser desenvolvido e não só uma habilidade congênita. As pessoas são incentivadas a serem criativas em atividades do seu dia-a-dia.

A criatividade dentro da organização é transversal e não restrita a um grupo de pessoas. Se alguém não tem esta habilidade desenvolvida, tem oportunidade de receber treinamento e exercitá-la.

De 1 a 10, considerando que 10 significa "concordo fortemente", o quanto você concorda com este parágrafo em relação à sua organização?

Quais são as evidências da sua resposta?

Se a sua resposta foi igual ou menor do que 6, o que poderia mudar na sua organização para que as pessoas sejam mais criativas?

ABERTURA PARA O RISCO
Nossa organização encoraja as pessoas a assumirem riscos calculados

Fracassos e falhas são vistos como parte do processo de inovação e como aprendizado. Na nossa organização acreditamos em falhar rápido para acertar rápido. Há um senso comum de que, se as coisas saem certo da primeira vez, dificilmente estamos fazendo inovação como deveríamos.

De 1 a 10, considerando que 10 significa "concordo fortemente", o quanto você concorda com este parágrafo em relação à sua organização?

Quais são as evidências da sua resposta?

Se a sua resposta foi igual ou menor do que 6, o que poderia ser diferente para que a sua organização enxergue o risco calculado como algo positivo?

ENGAJAMENTO

Na nossa organização todas as pessoas são capazes de convencer e engajar outras pessoas a participarem da construção de soluções

As lideranças estão empenhadas em não apenas prover os meios para que a inovação aconteça, mas também participar do processo de construção das soluções e incentivar os indivíduos a participarem de processos de inovação em seus projetos diretos ou indiretos. As pessoas estão dispostas a trabalhar duro por novas ideias — quer tenham partido delas ou não.

De 1 a 10, considerando que 10 significa "concordo fortemente", o quanto você concorda com este parágrafo em relação à sua organização?

Quais são as evidências da sua resposta?

Se a sua resposta foi igual ou menor do que 6, o que você acredita que precisa ser feito para que as pessoas se sintam mais engajadas?

DISPOSIÇÃO E DETERMINAÇÃO

Todos os indivíduos em nossa organização demonstram disposição para atuar com foco em inovação, não delegando esta responsabilidade para apenas alguns papéis

As lideranças da nossa organização estão dispostas a compartilhar recursos para torná-la ainda mais orientada ao design e à inovação. Além disso, as pessoas estão dispostas e determinadas a contribuir de forma voluntária no desenvolvimento de novas ideias, entendendo que esta atitude é o coração do nosso negócio.

De 1 a 10, considerando que 10 significa "concordo fortemente", o quanto você concorda com este parágrafo em relação à sua organização?

Quais são as evidências da sua resposta?

Se a sua resposta foi igual ou menor do que 6, o que você acredita que deveria acontecer para que as pessoas estejam mais dispostas e determinadas a inovar pelo design onde você atua?

ATITUDE QUESTIONADORA
Desafiar e questionar como as coisas são realizadas é um comportamento incentivado dentro da nossa organização

Na nossa organização as pessoas podem fazer questionamentos sem serem retaliadas e sabem disso. Cada indivíduo é motivado a enxergar os problemas com a mente aberta, esperando que surjam questionamentos, e sabem que fazer perguntas é fundamental no processo de inovação pelo design.

De 1 a 10, considerando que 10 significa "concordo fortemente", o quanto você concorda com este parágrafo em relação à sua organização?

Quais são as evidências da sua resposta?
Se a sua resposta foi igual ou menor do que 6, o que precisa ser feito para que as pessoas possam demonstrar uma atitude questionadora na busca de soluções para os problemas?

Após refletir nas respostas a estas perguntas, talvez você tenha enxergado pontos de melhoria que precisa trabalhar desde já. Também existe a possibilidade de que você já faça parte de uma organização que faz inovação guiada pelo design em alguma medida ou, melhor ainda, já seja parte de uma referência quando falamos em uma organização *design-driven*.

Qualquer que seja o caso, é possível que você tenha percebido durante a leitura deste livro a importância de se reinventar e que o trabalho de se manter inovador e continuar a colher os frutos de uma cultura guiada pelo design é um trabalho constante e perene: nunca estará concluído. Manter um negócio vivo por um longo prazo exige ação contínua. De forma a garantir que nós, no CESAR, nunca nos esqueçamos disso, criamos a nossa missão nesse sentido: **Identificar, Potencializar e Concretizar oportunidades de transformação das organizações e da vida das pessoas** (Figura 1). Essa tem sido a nossa forma de, não só nos mantermos em movimento, sempre inovando, como também ajudar quem quer seguir pelo caminho de se beneficiar de tudo o que o design tem para oferecer ao seu negócio.

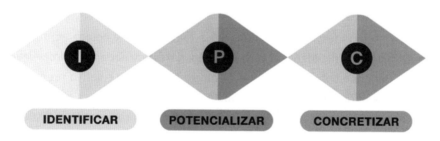

Figura 1 Atividades da missão do CESAR

Depois desse tempo pensando sobre a sua própria realidade talvez seja a hora de se perguntar: e o futuro, o que trará? Quais são as perspectivas para as companhias que hoje estão olhando na direção da inovação através do design? O capítulo final deste livro pode ser um norte que direciona esta visão.

CAPÍTULO 14

E O FUTURO?

Gabi Boeira • Helda Barros • h.d. mabuse •
Priscila Alcântara • Willian Grillo

Uma questão inescapável ao final desse livro, e que se coloca em toda sua complexidade e dificuldade de resposta é: *qual o futuro das organizações design--driven?* Tomando como vantagem a estrutura baseada no coletivo proposta na escrita desse livro, buscamos a possibilidade de dar essa resposta a partir de uma rede, uma encruzilhada de observações, baseada em aproximações e distanciamentos que surgem e podem contribuir bastante para termos essas visões de futuros possíveis, que serão úteis para decisões em nossas organizações. Ao final, quase como um posfácio, contamos com a colaboração da antropóloga Carol Zatorre.

E O FUTURO?

Grillo

Trago aqui uma discussão que venho tendo com uma mestranda que oriento. Ela está investigando exatamente essa caminhada do campo do design que leva às organizações ao design-driven. A história evoluiu em algum momento para o design estratégico, com participação nas organizações dentro das tomadas de decisão e, mais recentemente, passou a ter uma explosão de muita gente interessada. São pessoas fazendo transição formal de carreira e participando do processo de fazer design. Muitas com o **Design Thinking**, mas agora também com **Service Design, Product Design...** Está acontecendo essa dispersão de *"para onde estamos caminhando"*. Nessa pesquisa, estamos reunindo materiais, e alguns deles mostram que chegamos em um momento em que nós, como designers, precisamos tomar uma decisão: para onde vai a influência do design nas organizações? É para a estratégia com um foco mais para o médio e longo prazo ou para o lado mais operacional, mais mão na massa das coisas? Estamos influenciando ou sendo influenciados? Existe muita gente escolhendo o lado mais imediatista, uma espécie de "produtização" do design e encarando isso como o futuro do design nas organizações. Alguns de nós encaram isso como uma abordagem que talvez nos faça regredir do ponto de vista de participação em tomadas de decisões estratégicas e de grande impacto nas empresas. Precisamos manter a cabeça erguida e olhar para frente — se não podemos perder grande parte do caminho que percorremos.

Gabi

Entendo que existe um ponto positivo no uso do design como ferramenta. Quando estou falando, por exemplo, de uma startup que entende sobre abordagens de design, existe um pessoal que é de desenvolvimento, mas sabe fazer entrevista. Se temos ferramentas e uma equipe pequena, forçosamente vai haver uma sobreposição de atividades e de cargos. Temos um cenário em que o engenheiro também faz pesquisa e trabalha junto com uma pessoa de marketing — e essa pessoa também é quem faz a interface. Assim, todas essas pessoas estão olhando para o mercado. Existe essa sobreposição, mas creio que o que precisamos como impulsionador é a necessidade de inovar — de fazer o diferente, se manter competitivo no mercado. Esse é o grande impulsionador. E aí teremos as ferramentas de design e empreendedorismo que irão apoiar esse caminho. Minha visão é que existe a necessidade da inovação sendo apoiada impulsionada pela abordagem de design e empreendedorismo. Até me incomoda chamar de abordagem de design e empreendedorismo, porque não é apenas a conexão entre design e empreendedorismo. Não podemos falar só de design e só de empreendedorismo, como coisas isoladas. E qual é o papel do designer nesse momento? Acho que o papel é ser justamente o de **catalisador**, ser a pessoa que vai trazer essa provocação, a inquietude de achar que apenas determinado grupo talvez não seja suficiente e que precisamos trazer alguém que tenha conhecimento de outras coisas.

h.d. mabuse

Entendo as duas perspectivas levantadas por Grillo e Gabi da seguinte forma: por um lado, acredito que exista a necessidade da adoção de práticas do design como instrumentos, ferramentas que nos apontam o caminho de uma produtização, atendendo às necessidades de empresas que estão em um nível mais baixo de maturidade em design, seja por falta de recursos, como uma startup, ou por ser um setor mais inovador dentro de uma organização maior. Se é evidente o valor dessa forma de entender o design nas organizações, acho importante também estender a metáfora da maturidade para as suas implicações: enquanto não há um aprofundamento e uma expansão das possibilidades do pensamento do design dentro da organização, ficamos como se você tivesse uma instituição que está o tempo todo na sua infância — não irá amadurecer. Por outro lado, quando colocamos a forma de pensar que vem com as pessoas que fazem design, que é por princípio sistêmica, colaborativa e, na minha concepção, cuidadosa, você atravessa essa adolescência das fórmulas predefinidas, podendo contribuir na construção das estratégias organizacionais e sua rápida adaptação às mudanças em relação às incertezas, contribuindo para a resiliência das organizações em tempos difíceis, como apontado no artigo "How to design out of difficult times", da McKinsey. Ou seja, as duas perspectivas, com todo um mundo de gradações que cabe entre elas, me parecem válidas e estão relacionadas à maturidade das organizações onde são aplicadas.

Priscila

Acho que hoje não são muitas empresas que estão plenamente nesse estágio mais alto de maturidade, por mais que muita gente traga nomes como IBM, Adobe e outros por aí. Talvez muitas ainda não estejam nesse nível. Acho que as que não estão ficam um pouquinho para trás no sentido de ter entendido o valor do design e incluído o design nos negócios em seu sentido mais amplo e de impacto estratégico. Mas existe, sim, espaço para as áreas mais inovadoras nessas organizações. Nas empresas que não estão no nível mais alto de maturidade, talvez possamos citar como um exemplo de setor que tenha saído na frente o capital humano, principalmente após a pandemia, que fez com que as empresas tivessem que se transformar, e adotaram essa abordagem das práticas do design como habilitadoras das tarefas necessárias para atingir seus objetivos. Vejo que muitas empresas ainda não estão nesse nível de maturidade mais alto. Há uma tendência de que no futuro muitas venham a chegar nesse nível, em que todas as pessoas, designers e não designers, se vejam com possibilidade de fazer design e se sintam habilitados a fazer — obviamente apenas até um determinado ponto ee, quando necessário, buscar um especialista. A partir desse ponto, ter uma pessoa que ajuda em problemas maiores, em uma abordagem que não cabe no design produtizado. Acho que foi na abertura do curso de Design para não designers na CESAR School que veio a metáfora: todo mundo sabe que pode tomar um remédio para febre, mas para fazer uma cirurgia de peito aberto você procura um cirurgião. E não é qualquer médico, é um especialista. Eu acho que chegaremos nesse nível com design nas organizações também. A maioria das pessoas vai saber o que fazer quando encontrar problemas básicos em suas áreas, com a ajuda de ferramentas de design e do pensamento de design e, quando não for possível, saberão que é a hora de procurar um especialista, seja dentro ou fora da empresa. Pensando além, e em um nível de maturidade ainda maior, essas organizações contarão com pessoas designers atuando em estratégia, pensando no planejamento de curto, médio e longo prazo, para as mudanças de mentalidade que os tempos de rápida mudança — e resposta — demandam.

Helda

Nesse sentido, eu acho que existem cinco pontos de atenção:

1. Precisamos considerar essa ótica de **novos processos**. O futuro aponta para uma abordagem do projeto dentro de um conceito da **tecnologia como habilitadora**, como meio, não como fim. Falamos muito sobre isso. As discussões que põem em xeque várias questões relacionadas às formas que tocamos os projetos apontam sempre a um olhar cada vez maior para o humano, tanto da equipe de produção quanto do público consumidor, que está cada vez mais integrado à concepção de nosso segundo ponto:

2. **Modelos participativos** dentro do projeto, para trazer mais a sociedade para dentro das concepções dos produtos, serviços e processos. Uma realidade que surge como prática por meio do design participativo no setor público dos países escandinavos e se espalha para o setor privado em projetos por todo mundo;

3. **Com equipes de alta diversidade e completa coesão,** os processos devem ser instrumentos que potencializam as habilidades diferenciadas de cada um, ao passo que fomentam a colaboração e aumentam a confiança e autonomia solidária de todos;

4. **Design para Transição** é uma abordagem para pensarmos em intervalos temporais de evolução dos desafios e oportunidades sob a ótica da inovação social. O que de fato fará sentido quando um produto, serviço ou negócio chegar na vida das pessoas? Por exemplo, o ciclo de vida de um produto em algumas indústrias pode levar 3 anos — da concepção ao lançamento. Precisamos dessas novas abordagens para entender as necessidades futuras, de forma simplista, exercitando pequenos pulos temporais e evitando, assim, uma visão de passado quando chegarmos a novos lançamentos;

5. **Design Sistêmico** é um dos princípios básicos iniciais do design, que tomava o design de um elemento sempre a partir do contexto dentro do qual ele foi inserido. Por exemplo: originalmente, se pensava em projetar uma cadeira no contexto da sala em que seria usada — uma mesa de jantar ou de trabalho, etc. Dentro do conceito das organizações design-driven, estamos falando em questões como: desenvolver a infraestrutura tecnológica de determinado serviço demanda, minimamente, uma relação de parceria com a cadeia produtiva, de *hardware* e *software*, e, no limite, ter em mente a contribuição nas políticas públicas que regulam o sistema como um todo.

h.d. mabuse

Acredito que o cruzamento de cada um dos temas abordados nos capítulos anteriores, com os cinco tópicos anteriormente citados, devem servir para o empreendedor e o gestor público, não como um livro de receitas, mas sim um mapa. Considerando inclusive as mudanças tecnológicas, que na perspectiva do design podem ser compreendidas na sua dimensão de relações sociais, apontando possibilidades que em suas combinações levam a vários futuros, facilitando a identificação e busca dos mais desejáveis. O importante é ter sempre em mente que esses futuros fazem parte de ciclos, que podemos revisitar e aperfeiçoar a partir dos nossos aprendizados, pelos erros e acertos, contribuindo para nossas estratégias de cuidados como parte do mundo que vivemos, com as pessoas e organizações.

NA PRÁTICA — KYVO & CESAR
POR CAROL ZATORRE

Antes de mais nada, quero agradecer à organização do livro pelo gentil convite para escrever neste livro. Especialmente porque ele traz consigo a tarefa de apresentar assuntos relevantes para todos aqueles que buscam informações sobre as organizações que escolhem colocar o design no centro da estratégia empresarial, o que considero uma abordagem de vanguarda e pode ajudar as empresas a criarem soluções mais eficazes, eficientes e atraentes para seus clientes, além de promover uma cultura de inovação e criatividade dentro da organização em comparação com outros modelos clássicos, hierárquicos, de gestão organizacional.

Inclusive, por acreditar no design tanto como meio de gestão quanto como de solução de problemas, em 2021 firmamos a parceria entre a Kyvo e o CESAR, batizada de Arbos. Trata-se de uma iniciativa de fomento a negócios, cuja proposta de valor está comprometida com o desenvolvimento econômico e social do ecossistema em que está inserida.

Vou me valer de um tom ensaístico, ou seja, trago meu lugar de fala a partir do meu repertório das ciências sociais, mais especificamente do olhar da antropologia, mas também da minha experiência profissional de mais de 10 anos como antropóloga que lida com projetos de consultoria em inovação e design para diversos setores da economia no Brasil e também para outros países. Meu propósito é trazer uma reflexão a partir do título do livro: *O futuro das organizações pela perspectiva design-driven*. Em uma leitura literal, meu caminho seria apenas trazer minha opinião futurística, mas nas ciências sociais pensamos as organizações de outra maneira. Na perspectiva das ciências sociais, na investigação das organizações, não nos limitamos apenas aos modelos de gestão adotados nas empresas, mas também às relações sociais a partir das categorias de práticas de trabalho, cultura, interação entre funcionários e deles com a corporação, mesmo que no âmbito de projetos. Por exemplo, em um dos projetos da Kyvo, eu, juntamente com o time de projeto, analisamos o comportamento do funcionário fora do ambiente de trabalho, quais as regras da empresa podem provocar desacordo com a sua cultura e como isso pode causar desinteresse no dia a dia. Em um projeto, chamamos isso de **fricções na jornada de trabalho.**

A visão apresentada aqui é fruto de minha observação ao longo de anos dedicada ao universo corporativo como antropóloga na Kyvo. Quando eu fazia parte do time de projetos, algo que me chamava atenção era lidar com empresas que possuíam funcionários com pouco repertório de design, com formação instrumental e atuação por diretrizes de modelo de gestão clássico, racionalista, das escolas de administração, e que, na maioria das vezes, buscavam resultados financeiros espremendo o trabalhador. Sendo assim, constato a primeira contradição cultural: nossa entrega não dialogava com a cultura da empresa, portanto, o trabalho acabava sendo um eterno processo de convencimento. Muitas vezes o departamento ou profissional contratante era o único que estava alinhado com nosso processo de trabalho, e precisava de ajuda para fazer nossa entrega "andar" dentro da organização. Presenciei essa situação por alguns anos, até que o mercado começou a ser povoado por ex-alunos da Pós-graduação em Design de Serviço e Design de Interação, onde eu era professora de pesquisa. As empresas passaram a adotar o modelo de gestão ágil, vindo das empresas de desenvolvimento de *software* e esse movimento foi muito rápido. De início, esse momento parecia promissor, pois o design ganhou um certo espaço. Porém, um espaço procedimental: antes os designers eram contratados para entregar soluções que trouxessem uma nova perspectiva para a proposta de valor da empresa, depois passaram a entregar pedaços dos produtos ou serviços e, por vezes, para cobrir falta de time interno. Essa mudança começou a chamar a atenção. Aos poucos, foi ficando cada vez mais evidente que o papel do design havia mudado e as organizações não chegaram a adotar o design como mentalidade (processo/projeto), mas sim como ferramenta (procedimento). Quando os profissionais de design se aproximaram da tecnologia, a intenção era humanizar os processos com soluções centradas no uso e nas pessoas que usam. No entanto, o modelo ágil passa a usar o design como ferramenta, comoditizado-o. Percebo que o design foi reduzido e incorporado, "otimizado", às linhas de desenvolvimento, e isso é resultado de uma cultura organizacional, ainda, baseada em eficiência.

Essas mudanças impactaram inclusive a Kyvo. Como empresa, somos orientados a considerar a perspectiva sociocultural de projetos. Além disso, usamos o design como processo de desenvolvimento de projeto, ou seja, mentalidade. Como antropóloga, nesse lugar que tem a ideia de mentalidade de processo, foi interessante pensar e propor projetos de diversidade e inclusão em empresas, produzir mudanças de cultura organizacional com a finalidade de trazer pluralidade para as relações institucionais. Ao usar o processo de design para lidar com pautas raciais, étnicas e de gênero explícito, vem o desafio de lidar com as contradições culturais das empresas e seus funcionários.

Retomando o título, ainda formulo as seguintes perguntas: *que tipo de organização estamos falando? Quais as organizações que temos no mercado brasileiro? Para que servem essas organizações? Qual alinhamento sociocultural que elas possuem com seus funcionários?* Essas perguntas me ajudam a articular os dois pontos que já tratei anteriormente — organização e design. Outro ponto é considerar essa dimensão de futuro, mais especificamente o futuro das organizações.

Sigo para o final da minha contribuição, pretendendo provocar quem está lendo com outras perguntas que podem ser respondidas com a leitura desse livro. Sendo os leitores pessoas interessadas em lidar com inovação: qual o projeto de organização para o futuro? Será que ainda estamos interessados em um modelo de organização eficiente que ainda esvazia o significado do trabalho?

Esse livro mostra a importância de olhar para transformação organizacional pela lente do design, de pensar os assuntos abordados nos capítulos, pois eles apresentaram um pouco do que é a mentalidade do design e mostra que a grande potência está em lidar com problemas complexos de maneira colaborativa, trazendo muitos pontos de vista para a arena, construindo, propondo e testando as soluções

Como nota final, deixo aqui minha última consideração. Há algum tipo de otimismo em mim, com uma certa esperança no futuro, por um tipo de organização com cultura diversa, inclusiva, com práticas orientadas ao processo de design, seja uma abordagem multidisciplinar, envolvendo diferentes áreas da empresa, desde marketing e vendas, até desenvolvimento de produto e tecnologia. Olhando para o futuro das organizações pela perspectiva das ciências sociais, tendo o design pautado pelo projeto paulofreiriano, no qual o processo de produção esteja atrelado à promoção de uma cultura organizacional que não esvazie e/ou aliene o sentido do trabalho de pessoas que estão dentro dos espaços coletivos, mesmo que eles sejam orientados ao lucro.

Carol Zatorre

SOBRE
OS AUTORES

AMANDA LOPES OLIVEIRA
CAPÍTULO 02

Mestre em Design pela CESAR School e graduada em Comunicação Social — Publicidade e Propaganda pela UFPE. Atualmente trabalha no CESAR, onde atua como UX Designer em projetos de Inovação Aberta, intraempreendedorismo e concepção de produtos inovadores, utilizando metodologias de design para condução dos processos. É pesquisadora sobre questões de gênero relacionadas ao contexto de tecnologia e inovação, assim, ao longo do mestrado construiu o *Se Toca, Mana!* que hoje se transformou em um empreendimento social.

ARIEL MORAIS DA ROSA
CAPÍTULO 03

Graduado em Design (UFSC) e atua como Designer de Interação no CESAR, realizando projetos centrados no usuário desde identificação e concretização de ideias até desenvolvimento de interfaces digitais.

DJA
CAPÍTULO 11

Djafran Ático (ou simplesmente Dja) é designer gráfico formado pela UFPE com vasta experiência no campo, tendo trabalhado em diversas agências de publicidade em Pernambuco, é curioso, metido a baixista e fotógrafo, pai de Sofia e Valentina. Não necessariamente nessa ordem. Atualmente atua como Designer, com foco em Interfaces no CESAR, sendo também professor da pós-graduação na CESAR School onde é mestrando em Design.

ERIKA CAMPOS
CAPÍTULO 01

Consultora/Lead em Design e professora de Mestrado em Design. Doutoranda em Design pela UFPE, Mestre em Design pela CESAR School, designer e jornalista de formação, tem experiência de mais de 17 anos trabalhando com UI, UX para produtos digitais e Inovação pelo Design. Entre os clientes com quem já trabalhou estão Motorola, Samsung, Neoenergia, HP, Fiat, Thales, entre outras.

EVANDRO LEÃO
CAPÍTULO 10

Design Lead no CESAR, formado em Sistemas de Informação com ênfase em Engenharia de Software pela F.I.R. (Faculdade Integrada do Recife), pós-graduado em Mídias Interativas pelo Centro Universitário SENAC - SP, atua com desenvolvimento de produtos digitais desde 2003 tendo atuado em projetos nacionais e internacionais nas indústrias de mineração, automobilística, energia elétrica, combustíveis, alimentação, comunicação, mobilidade, engenharia de hardware e recursos humanos.

GABRIELA ARAUJO
CAPÍTULO 08

Professora de Design na CESAR School. Doutoranda em Design pela UFPE e mestre e graduada em Design pela mesma instituição. Tem experiência em design gráfico, com ênfase em design editorial, principalmente de livros, catálogos e jornais; além de trabalhar com projetos culturais, identidade visual e efêmeros. Enquanto designer, já trabalhou em projetos como Festival Rec-Beat, Festival Animage, Festival Continuum, Editora Pó de Estrelas e Editora Peirópolis. Atualmente, pesquisa nas áreas de design da informação, tipografia, design de livro e crítica no design.

GABI BOEIRA
CAPÍTULOS 01 E 14

Consultora em Design com background em diversas metodologias de design, lean e ágil, como Scrum, Design Thinking, Design Sprint e Lean Startup. Atua em projetos de naturezas diversas desde o desenvolvimento de aplicações web e mobile, facilitação de processos de imersão e ideação, desenho de metodologia de criação de novos produtos com base em análise sensorial até a criação de uma governança da inovação para uma grande player do setor elétrico. Atualmente é doutoranda em Engenharia de Software da CESAR School, direcionando esforços para o entendimento das melhores práticas de governança e processos de inovação em organizações.

GABRIELE SANTOS
CAPÍTULO 07

Designer Manager no CESAR. Mestre e Bacharel em Design pela UFPE e Pós-graduada em Design e Desenvolvimento de Widgets pela CESAR School. Atua há 14 anos na área de design e experiência de usuário para produtos e serviços digitais.

GIULIA BARROS
CAPÍTULO 12

Designer de produtos no CESAR, graduada em Design Gráfico pelo IFPE e mestra em Design na UFPE. Com mais de 10 anos de experiência profissional, teve seu início de carreira atuando como Designer Gráfico, passando por agência de publicidade e tendo contato direto com o meio de marketing e grupo de pesquisa. Atuando como designer de produtos há quase 5 anos, com demandas nos meios de educação, saúde e tecnologia.

GIORDANO CABRAL
PREFÁCIO

Giordano é presidente do conselho do CESAR, professor do Centro de Informática da UFPE (Cin), fundador de startups que receberam prêmios de inovação e conselheiro da Agência Recife para Inovação e Estratégia (ARIES). Possui 29 anos de experiência, em sua maioria em empresas e projetos relacionados à inovação digital. Possui doutorado pela Sorbonne, em conjunto com o SONY Computer Science Lab, em Paris, e mestrado pela UFPE. Coordena o grupo de pesquisa MUSTIC, e desenvolve pesquisa sobre criatividade computacional, tecnologias educacionais, multimídia, gamificação e inteligência artificial.

GUSTAVO RODRIGUES
CAPÍTULO 02

Mestre em design pela C.E.S.A.R. School e graduado em Design pela Unibratec. Participou do projeto educacional da escola do Porto Digital com a Secretaria de Educação do estado de Pernambuco como professor e também atuou como professor na graduação da CESAR School no curso de Design. Hoje atua no CESAR como UX/UI Design em projetos diversos. Também é pesquisador possui interesse em pesquisas com público idoso e o uso de tecnologias, design de experiência, usabilidade e no processo de design para propor produtos, serviços e inovação.

HAIDÉE LIMA
CAPÍTULOS 03 E 08

Designer sênior no CESAR e professora e mentora no mestrado do programa MPD da CESAR School. É graduada em Artes Plásticas pela USP e mestra em Design pela CESAR School. Trabalha há 25 anos com design, e tem experiência com UI, UX, interfaces conversacionais, interfaces automotivas entre outros projetos incríveis que já passaram pelo CESAR.

H.D. MABUSE
CAPÍTULOS 01 E 14

Consultor em design no CESAR e professor de Filosofia do Design no mestrado do programa MPD da CESAR School. Mestre em Design pelo PPGDesign da UFPE, onde cursa o doutorado. Tem trabalhado desde 1990 com colaboração, comportamentos emergentes e remix de várias linguagens nas áreas das artes visuais, design, música e filosofia. Nos últimos anos tem mergulhado nas transformações nas pessoas humanas e não humanas que se dão por meio do design, bem como no entendimento do seu potencial emancipador, do vivo e do não vivo.

HELDA OLIVEIRA BARROS
CAPÍTULOS 01, 03 E 14

Coordenadora do Mestrado Profissional em Design da CESAR School. Docente da Pós-graduação e da Graduação em Design. UX researcher com ênfase em neurodesign e experiências simuladas e possui especial interesse em projetos de natureza decolonial, voltados para interseccionalidades. Head do LIGA - Laboratório de Inovação e Geração de Artefatos, que sediada as pesquisas em Design da referida instituição. Atua como consultora em projetos internacionais do CESAR. Doutora e Mestre em Design pela UFPE.

KARINA MONTEIRO
CAPÍTULO 06

Líder de design de interação no CESAR, formada em Design Digital, atua com design gráfico e direção de arte desde 2006, com web design e interação desde 2012 e é UX designer desde 2015. Tem experiência com UX strategy, phygital experience, design de interfaces e UX research. Com especialização em Product Management, atua como Product Owner e se utiliza do pensamento sistêmico em busca de estratégias que satisfaçam tanto aos usuários como ao negócio. Entusiasta de interatividade sob todas suas formas, games, programação visual, movimento maker, novas mídias, IoT e arte generativa. Atuando como consultora, trabalhou para empresas como Porto de Suape, Rede Do'r, Dasa e Santander.

LÍVIA PASTICHI
CAPÍTULO 04

Designer de interação no CESAR, Graduada em Design pela CESAR School, Tecnóloga em Design de Moda pela FBV e Pós-graduanda em Gestão ágil de projetos pela CESAR School. Pesquisa processos de design, com foco no aprofundamento de problemas complexos, também atua em projetos voltados à acessibilidade e é monitora de cursos para pessoas que estão iniciando a carreira como designer e para gestão de produtos digitais na CESAR School.

LUCIANA DE MARI
CAPÍTULOS 08 E 10

Coordenadora do time de Visual Design na área do Marketing CESAR. Mestre em Design pela CESAR School, designer, artista visual e empreendedora. Trabalha há mais de 20 anos como designer, com ênfase em design gráfico, branding e design de eventos.

LUCICLEIDE PENA DA SILVA MENDES
CAPÍTULO 02

Professora de Português aposentada pela SEDUC PE, Formação Inicial Letras UFPE, especialista em Língua Portuguesa com pesquisa sobre Hipertexto, UFPE; especialista em User Experience Design and Beyond - PUCRS (cursando), foi bolsista 50+ Tech no CESAR como Designer de Interação, UX writer/Tech Writer; escritora por paixão, produtora de conteúdo digital - Minha Vida por um Link..., esposa, mãe, eternamente aprendiz.

MAIRA GOUVEIA
CAPÍTULO 08

Professora de Design de Produto e atuou também como professora de Multimídia no curso de Jogos Digitais no projeto NAVE Recife. Doutoranda em Design pela UFPE, mestre em Design pela UEMG e graduada em Design de Moda pela UFMG, possui especialização em Artes Visuais e Cenografia e experiência docente em diversas esferas da educação em países da Ásia e da América Latina.

MANUEL ALVES
CAPÍTULO 06

Designer de Interação, pesquisador de Design e Memória, com especialização em Design de Interação para Artefatos Digitais (CESAR School) e mestrado em Planejamento e Contextualização de Artefatos (UFPE). A pesquisa sempre foi a base para os seus projetos. Procura conciliar este aprendizado à sua rotina de trabalho, pesquisando, prototipando e testando com os usuários, aplicando o Design Thinking, para o levantamento de pontos de melhoria de um produto/serviço e concepção de um fluxo ideal.

MATHEUS ARAÚJO
CAPÍTULO 03

Designer de Interação no CESAR, Graduado em Design pela faculdade CESAR School. Fundou a GeronTec, uma startup de imersão tecnológica para idoso, que foi o gatilho para o interesse no estudo da acessibilidade digital, que vai ser a pesquisa que irá direcionar o seu mestrado em Design. Também é Graduado pelo Curso de Direito, onde aguçou o seu interesse por ler e escrever, além de amar novos desafios.

MATHEUS VALE
CAPÍTULO 05

Designer de Serviço, atuando na análise e melhorias de processos internos do CESAR Mestre em Design de Artefatos Digitais (UFPE) com profundo interesse na maneira como colaboramos para o desenvolvimento de boas ideias.

MILENA LEIMIG
CAPÍTULO 04

Estudante de Design na CESAR School. Possui experiência profissional em design gráfico, atuou com ilustração freelance, e segue experimentando em cima das áreas de tipografia, música e desenvolvimento de jogos independentes. Cultiva interesse em pesquisas e projetos voltados à memória gráfica, manifestações gráficas populares e vernaculares, design da informação e filosofia do design.

PRISCILA ALCÂNTARA
CAPÍTULOS 09, 13 E 14

Consultora e Design Manager no CESAR, já tendo atuado em outras companhias nacionais e multinacionais. Mercadóloga, pós-graduada em design para dispositivos digitais, professora de pós-graduação na CESAR School com mais de 15 anos de atuação com design de interação, experiência do usuário, design de interface e serviço.

RENATA FREIRE SELLARO
CAPÍTULO 04

Doutoranda em Engenharia de Software, Mestre em Design e com MBA em Gestão de Projetos. Atua como Gerente de projetos no CESAR, trabalhando junto a startups e times internos de inovação em empresas maduras. Também é professora da disciplina de Geração de Negócios Inovadores e na disciplina de Transformação Digital em duas pós-graduações da CESAR School e do curso de extensão em Design Estratégico.

ROCKY
CAPÍTULO 07

Pós-graduada em Design de interação para artefatos digitais pela CESAR School. Há 4 anos atua como designer de produtos no CESAR em projetos de Desenvolvimento e operações, trabalhando com times de desenvolvimento ágil desde então. Também colabora com projetos de cunho social em parceria com a CESAR School compartilhando e disseminando conhecimentos sobre práticas de design.

RONALDO BUARQUE
CAPÍTULO 11

Designer e palestrante, atuou como professor no CESAR School. Mestrando em design de interação na UFPE, Especialista em design de artefatos digitais pelo CESAR School. Atua há mais de 5 anos como designer de produtos, transformando problemas complexos em soluções simples e amigáveis ao uso. É um entusiasta do design writing and future design. Entre os clientes atendidos estão a Samsung, Dell, CESAR, Elo, Accenture e Porto Seguro.

THAYSSA LACERDA
CAPÍTULOS 07 E 12

Designer Sênior no CESAR, com 12 anos de experiência, atuando em diversas áreas do Design. Graduada em Sistemas para Internet pela Faculdade Católica Imaculada Conceição do Recife, Especialista em Design de Interação para Artefatos Digitais e Mestranda em Design pela CESAR School. Também atuou como professora e conteudista na CESAR School.

WILLIAN GRILLO
CAPÍTULOS 05, 09 E 14

Consultor em Design no CESAR. Graduado em Administração com ênfase em Marketing pela UFRGS, Especialista em Design Centrado no Usuário pela Positivo e Mestre em Design pela CESAR School. Com 13 anos de mercado, já atuou em empresas como GoDigital, Acxiom Brasil e Brivia, liderando projetos de Usabilidade, Pesquisa com Usuários, Design de Experiência e de Serviços.

WELTON L. SANTOS
CAPÍTULO 11

Designer no CESAR, mentor, pesquisador de Design e Tecnologias. Graduação em Ciência da Computação com ênfase em IHC (UFRPE), especialização em Design de Artefatos Digitais (CESAR School), Mestrado profissional em Design (CESAR School). Vive sempre se desafiando a cada novo projeto, aprendendo todos os dias. Amante de filosofia e novos tipos de interfaces com usabilidade e acessibilidade.

YVANA ALENCASTRO
CAPÍTULO 05

Designer no CESAR, consultora de qualificação e pesquisadora de design cultural e novas tecnologias na CESAR School. Mestra em Design e Tecnologia (UFRGS), especialista em Marketing (UPE) e Design de interação (CESAR). Com quase duas décadas de experiência, atuou no setor industrial em empresas como a Metalúrgica Maxtil e Hebron farmacêutica, com ênfase para o Instituto SENAI de Inovação. Em paralelo, atua em iniciativas de promoção e valorização do patrimônio histórico e cultural, sendo integrante do Grupo de Pesquisa Memoráveis: manifestações gráficas afetivas (UFPE).

Para saber mais sobre como
a sua organização pode ser mais
design-driven:

Este livro foi impresso nas oficinas gráficas da Editora Vozes Ltda.,
Rua Frei Luís, 100 – Petrópolis, RJ.